Modern Hebrew For Beginners
A Multimedia Program for Students at the Beginning and Intermediate Levels

דפים ואתרים

עברית במולטימדיה למתחילים ולתלמידים בשלב הביניים

Esther Raizen
אסתר רייזן

Illustrations: Gil Zilkha

For reasons of economy and speed, this workbook was printed using camera-ready pages provided by the author.

Requests for permission to reproduce material from this work should be sent to:
  Permissions
  University of Texas Press
  P.O. Box 7819
  Austin, TX 78713-7819
  www.utexas.edu/utpress/about/bpermission.html

 ∞ The paper used in this book meets the minimum requirements of ANSI/NISO Z39.48-1992 (R1997) (Permanence of Paper).

Library of Congress Cataloging-in-Publication Data

Raizen, Esther, 1951–
  Modern Hebrew for beginners : a multimedia program for students at the beginning and intermediate levels / Esther Raizen ; illustrations, Gil Zilkha = [Dapim va-atarim : 'Ivrit be-multimedyah le-mathilim ule-talmidim bi-shelav ha-benayim / Esther Raizen].
     p.   cm.
  Multimedia program composed of a book and a Web site that includes tutorials and short original films.
  Includes index.
  ISBN 978-0-292-77104-8
  1. Hebrew language—Textbooks for foreign speakers—English.   I. Title: Dapim va-atarim.   II. Title

PJ4567.3.R35   2000
492.4'82421—dc21

                                                            99-058419

Table of Contents:

To the User

Modern Hebrew for Beginners is a multimedia program developed at the University of Texas at Austin. It takes the learners from the beginner to the intermediate-low levels, and, assuming five weekly hours in the classroom, provides for a semester and a half or two semesters of instruction.

The core of the program is this workbook. In addition to a variety of written exercises, it includes vocabulary lists, reading selections, discussions of cultural topics, illustrations of grammar points, suggestions for class and individual oral and written activities, and a final glossary. The workbook is complemented by an Internet site which provides students and teachers with a versatile set of tutorials and other materials. These include short video segments originally scripted and filmed in Israel; vocabulary flashcards with sound; interactive exercises supplementing specific topics included in the workbook or independent of it; sound files parallel to the reading selections in the workbook; and slides which provide visual cues for class or teacher-student conversations. While training with the book only is possible, the computer programs add interest and variety to the learning process. The site may be accessed at

http://www.laits.utexas.edu/hebrew

The use of the Web allows us to update our materials and add to them at will, and to maintain continuous interaction with teachers and learners. For that reason, we have opted to use the Web rather than create an accompanying CD for the book. The individual exercises and activities are deliberately short and focused on single concepts, as they are geared toward modular training which has been found to be appropriate for our student population. The technology is simple at the most part, which minimizes difficulties in computer use. The materials have been tested on

Macintosh and PC computers with a variety of browsers, and have been found to work well with most combinations. Special Hebrew system and/or fonts are not necessary for using the site, and all the electronic components of the program are free and open to all.

The program assumes an English language environment which does not call for immersion, and English is often used as the language of instruction. While proficiency in communication is the basic goal of training, an effort is made here to produce informed learners, who not only know how to perform in Hebrew but are also aware of its history and development, of common differences between the formal and the spoken standards, and of typical problems of learners who are English speakers.

Some of the materials included in the workbook were developed by or in consultation with my colleague Yaron Shemer, who played a major role in all stages of planning and production. Dr. Shemer is also responsible for all the video segments included in the program. I am grateful to my colleagues Dr. Avraham Zilkha and Lane Foster Harrell, who read the manuscript and provided important input on form and content, and to Dr. Robin Gallaher Branch, who assisted me in preparing the manuscript and the vocabulary flashcards and compiling the workbook glossary. I am also indebted to the staff of the University of Texas Center for Instructional Technologies and the Liberal Arts Instructional Technology Services, who assisted me in developing the Web materials. The computer work was supported by a Title VI grant from the US Department of Education and a generous grant from the University of Texas System Vision Plan.

Esther Raizen   Austin, Texas, Fall 2005

עַל הַכְּתִיב הָעִבְרִי, עִצּוּרִים וּתְנוּעוֹת

Notes on the Hebrew Writing System and Pronunciation

§ 0.1 The Hebrew writing system— consonants

Hebrew is written from right to left. The original orthography was derived from the Canaanite one, but after the return from the Babylonian exile (sixth century BCE) the square script used for the Aramaic language was gradually adopted, and has been used since.

The Hebrew alphabet has twenty-two letters. Five of them have a special form used at the end of the word (the symbol is designated as a "final"—*sofit* — character). All printed materials use the print, block form of the letters. A handwritten, rounded set is used for writing. As printing is now done by computers, fonts in the hand-written style are occasionally used in printed materials as well.

Hebrew does not use capital letters. Words are separated by a space, and the letters are written separately (that is, not connected) in both printed and handwritten styles. Punctuation is similar to that of English. Biblical texts that are published in a printed form (as opposed to the scrolls used in synagogues) maintain an ancient form of punctuation, which uses a large number of diacritics indicating different degrees of pause and stress and, at the same time, giving clues to ritual chanting.

The bold-face characters in the letter names on the following page indicate the consonants' sound equivalents. Accentuation in the letter names is indicated by an accent mark over the accented syllable.

> **Formatting note:**
>
> The diskette icon appears whenever the section is supported by a parallel computer unit. The name of the unit appears next to the icon.

The Hebrew alphabet :

álef[1]	א
bet[2]	ב
gímel (as in "good")	ג
dálet	ד
heh (as in "**wh**ole")	ה
vav	ו
záyin	ז
chet[3]	ח
tet	ט
yod	י
kaf[2,3]	כ
chaf sofit[2]	ך
lámed	ל
mem	מ
mem sofit	ם
nun	נ
nun sofit	ן
sámech	ס
áyin[1]	ע
pe[2]	פ
fe sofit	ף
tsádi	צ
tsádi sofit	ץ
kof	ק
resh	ר
shin	שׁ
sin[4]	שׂ
tav	ת

Hebrew consonants

[1] *álef* and *áyin* are pronounced with a stoppage of the air flow, much like the initial sound in "oh oh."

[2] Three of the consonants— *bet, kaf* and *pe*— have two variants each. One is the "stop" variant, pronounced with a stoppage of the air flow (**b**, **k**, **p** respectively),

and the other a "fricative " that is pronounced with friction in the vocal organs (**v**, **ch** as in the Hebrew *chai* חי and German *Nacht,* and **f** respectively). The stop variant occurs at the beginning of a word or at the beginning of a syllable should it follow a vowelless consonant (like *pil-pel* below). The fricative variant occurs in the middle of the word, and is always preceded by a vowel. The orthography represents the difference by placing a dot called a *dagesh* within the consonant to indicate the stop. Thus בּ כּ פּ are pronounced as **b k** and **p**, and ב כ פ are pronounced **v ch** and **f** respectively. The fricatives as letter names are often referred to as *vet, chaf* and *fe* . As *kaf* and *pe* in final position are always fricatives, the corresponding letter names are *chaf sofit* and *fe sofit* respectively. Historically, three additional consonants, *gímel, dálet* and *tav,* also had two such variants. The distinction no longer exists in modern pronunciation, but it is still present in the orthography where these consonants will always have a *dagesh* at the beginning of the word or after a vowelless consonant in the middle of the word. Note the consonants ב ג ד כ פ ת with and without a *dagesh* in the following examples (a hyphen marks the syllable boundary):

כְּתָ-פוֹת	גַּת	עוֹף	פִּלְ-פֵּל	אוֹת	מִכְ-תָּב	דּוֹד	כָּךְ	בָּ-לוֹן
kte-fot	*gat*	*of*	*pil-pel*	*ot*	*mich-tav*	*dod*	*kach*	*ba-lon*

[3] *chet* and *chaf* are pronounced like the first consonant in the Hebrew word חי or the *ch* in the German word *Nacht.* In Middle-Eastern variants of spoken Hebrew the *chet* is distinguished from the *chaf* as *chet* is articulated in the throat close to the base of the tongue. In a similar way, the *áyin* is distinguished from the *álef.* The distinct *chet* and *ayin* are recognizable in the speech of many Israelis.

 sound samples

Formatting note:
The microphone icon appears whenever the text is supported by a sound file in the "dialogues" section of the computer program.

[4] *shin* and *sin* are indicated by the same letter yet represent two distinct sounds, **sh**

and **s** respectively. When marked by a dot on the top right, or unmarked, the letter is a *shin*; and when the dot is placed on the top left, it represents the *sin*. Compare: שָׁר *shar* (sing) and שָׂר *sar* (minister).

Speakers of modern Hebrew make no distinction between pairs of consonants that were historically different, such as *tet* and *tav* or *kof* and *kaf*. Spelling, however, follows historical conventions. Thus words like קוֹל (sound) and כֹּל (every) *kol* ; עֵת (time) עֵט (pen) and אֵת (with) *et* ; נָשָׂא (carried) and נָסַע (traveled) *nasa* ; אָח (brother) and אַךְ (but) *ach* sound exactly the same but are spelled differently.

Very often, the consonants *álef, heh, vav* and *yod* are present in the written word but play no role in pronunciation, as they are part of the vowel indication . For example, the word שָׁנָה *shana* (year) may be in principle written with or without the *heh*— it would sound exactly the same in both cases. The same goes for the word קָרָא *kara* (he read) which could be written without the *álef*, of שִׁיר *shir* (song) which could be written without the *yod*. In keeping with historical spelling, all these words maintain their vowel-indicating consonants, which are referred to as אִמּוֹת קְרִיאָה *imot kria* "mothers of reading."

In borrowed foreign words Hebrew uses three sounds which are not part of its native sound system. They are indicated in the orthography by a single-quote mark next to a *gímel*, a *záyin* or a *tsádi*:

ג׳ (pronounced like the "g" in George)   גׄ׳וֹרגׄ׳י

ז׳ (pronounced like the second "g" in garage)   גׄ׳רזׄ׳י

צ׳ (pronounced like the "c" in cello)   צׄ׳ילוֹ

Accentuation is of great importance in Hebrew, as two words which may be identical except for their stress placement will carry different meanings [e.g., *bira* בִּירָה (capital) and בִּירָה (beer)]. In Hebrew, primary stress falls mostly on the last syllable. In this book, wherever the stress falls on a syllable other than the last one, it will be indicated by a bar over the accented syllable, as in צׄ׳ילוֹ above.

Formatting note:
Two Hebrew fonts will be used in the text. Learn to recognize the slightly-different letter shapes:

א ב ג ד ה ו ז ח ט י כ ך ל מ ם נ ן ס ע פ ף צ ץ ק ר ש ת
א ב ג ד ה ו ז ח ט י כ ך ל מ ם נ ן ס ע פ ף צ ץ ק ר ש ת

☺😐 **Oral practice:**

Memorize letters in their alphabetical order.

the Hebrew alphabet

Recognize similar letters:

א צ

tsádi צ *álef* א

ע צ

tsádi צ *áyin* ע

ה ח ת

tav ת *chet* ח *heh* ה

י ו ן

nun sofit ן *vav* ו *yod* י

ס ם

mem sofit ם *sámech* ס

ב כ נ

nun נ *kaf* כ *bet* ב

ך ר

resh ר *chaf sofit* ך

ף ץ

tsádi sofit ץ *fe sofit* ף

ג נ

nun נ *gímel* ג

ד ר

resh ר *dálet* ד

ו ז

záyin ז *vav* ו

ט מ

mem מ *tet* ט

✍ Exercise 1: Match letters with letter names

álef	א
gímel	ב
áyin	שׂ
bet	ג
dálet	ד
chaf sofit	ה
kaf	ו
kof	ז
lámed	ח
mem	ט
mem sofit	י
nun	כ
nun sofit	ף
pe	ך
resh	ל
sámech	מ
shin	ם
sin	נ
tav	ן
tet	ס
vav	ע
chet	פ
fe sofit	צ
heh	ץ
tsádi	ק
tsádi sofit	ר
yod	שׁ
záyin	ת

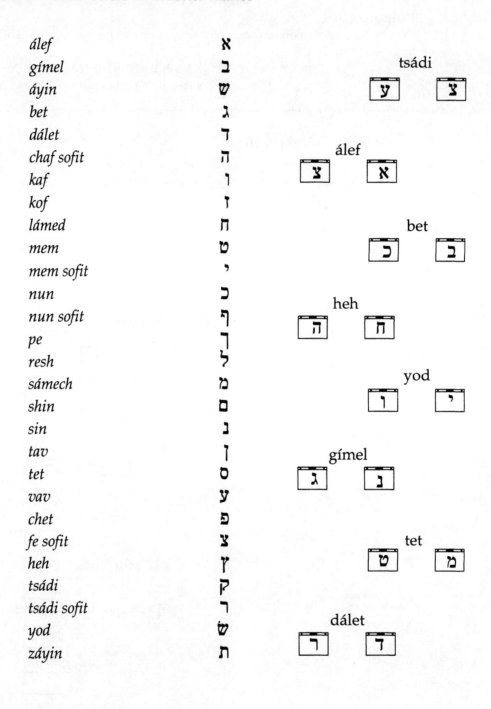

tsádi: ע צ

álef: צ א

bet: כ ב

heh: ה ח

yod: ו י

gímel: ג נ

tet: ט מ

dálet: ר ד

✍ Exercise 2: Write down the letter names

ר ___ ט ___ ע ___ ג ___ י ___ כ ___ ב ___ מ ___ ק ___

נ ___ ס ___ מ ___ ת ___ פ ___ ש ___ צ ___ ח ___ ב ___

א ___ ד ___ ה ___ ו ___ ז ___ ף ___ ל ___ ם ___ שׂ ___

Hebrew print and hand-written letters:

Hand-written	Print
א	א
ב	ב
ג	ג
ז	ד
ח	ה
ו	ו
ל	ז
ח	ח
ט	ט
'	י
כ	כ
פ	ל
ל	מ
א	נ
ס	ס
ע	ע
ן	פ
ן	צ
ק	ק
ר	ר
ש	ש
ת	ת

אבגדהוזחטיכךלמםנןסעפףצץקרשת

You may encounter variants like these:

אכ

✍ Exercise 3: Practice hand-writing of Hebrew consonants

א
ב
ג
ד
ה
ו
ז
ח
ט
י
כ
ך
ל
מ
ם
נ
ן
ס
ע
פ
ף
צ
ץ
ק
ר
ש
ת

✍ **Exercise 4: Complete the letter sequences (do not use final letters)**

א __ ג __ ה __ ז __ ט __ כ __ מ __ ס __ פ צ __ ר __ ת

א ב __ __ __ ו __ __ __ י __ __ מ __ __ __ פ __ __ __ __ ת

✍ **Exercise 5: Which letter comes before and after**

___	ש	___	___	ה	___
___	ט	___		ת	___
___	ב	___	___	מ	___
___	ז	___	___	ס	___
___	ל	___	___	ר	___
___	ד	___	___	צ	___
___	ג	___	___	ח	___
___	ק	___	___	א	
___	פ	___	___	ע	___
___	י	___	___	ו	___
___	נ	___	___	כ	___

Recognize similar letters:

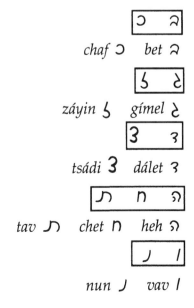

כ ב

chaf כ *bet* ב

ז ג

záyin ז *gímel* ג

צ ד

tsádi צ *dálet* ד

ת ח ה

tav ת *chet* ח *heh* ה

נ ו

nun נ *vav* ו

ן ' ו

nun sofit ן *yod* ' *vav* ו

ס ם

sámech ס *mem sofit* ם

ץ ף

tsádi sofit ץ *fe sofit* ף

✍ **Exercise 6: Copy the following dialogue using hand-written characters**

אסף: שלום! שמי אסף ואני מלמד עברית באוניברסיטה של טקסס באוסטין. מה שמך?

מירב: שמי מירב, ואני סטודנטית באוניברסיטה. אני לומדת עברית והסטוריה.

אסף: את היית בישראל?

מירב: כן, אני הייתי בישראל. אני אוהבת את ישראל!

____

____

____

____

____

____

____

____

✍ **Exercise 7: Match printed and hand-written characters**

ם   ל

ן   ד

ע   ח   ג

ו   ז

ח   צ   ג

ז   פ

פ   ם   ע

צ

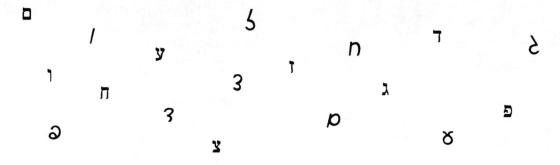

Exercise 8: Fill in the missing letters

שומר	ש ___ ___ ר
מעלית	מ ___ ___ ___ ת
התחלה	___ ת ___ ___ ___
גרזן	___ ר ___ ___
עציץ	___ צ ___ ___
דורון	ד ___ ___ ___ ן
חתול	___ ת ___ ___
באים	___ ___ י ___
אטימות	א ___ ___ ___ ___ ת
כחול	___ ___ ___ ל
סכך	ס ___ ___
פילוסוף	___ ___ ל ___ ___ ___ ___
קרן	___ ר ___

§ 0.2 Hebrew vowels

Modern Hebrew has a five-vowel system, similar to that of Spanish:

a as in f**a**r

e as in g**e**t

i as in f**ee**l

o as in l**o**ng

u as in t**oo**l

Hebrew vowels

The language also has a transitional sound, a schwa, which varies in pronunciation from zero (no vowel) to a very short **e** similar to the first e in the word "p**e**rfect." That schwa may have a "shade" of a vowel with it, in which case it is referred to as a *chataf* or a "composite schwa."

While in the very early stages of the language vowels carried length distinction, this is no longer the case. Written materials, however, follow historical conventions, and various vowels indicating the same sound may occur in a text even though in reading aloud or in speaking they are identical (e.g., אַב and אָב are pronounced exactly the same, *av*). Vowels (with א for placement) and their names are given below with the corresponding English vowel letters:

kamats	אָ	a
kamats katan	אָ	o
patach	אַ	a
chataf patach	אֲ	a
tsere	אֵ	e
segol	אֶ	e
chataf segol	אֱ	e
chirik	אִ, אִי	i
shuruk	אוּ	u
kubbuts	אֻ	u
cholam	אֹ, אוֹ	o
chataf kamats	אֳ	o
schwa	אְ	nothing or short e

Hebrew vowels can be grouped as follows:

a	אֲ אַ אָ
e	אֱ אֶ אֵ
i	אִ אִי
o	אֳ אָ אֹ אוֹ
u	אֻ אוּ

Some vowels may combine with a *yod* to create a diphthong, that is, a composite vowel:

אַי, אֶי, אֵי, אוּי, אוֹי (ay, ey, ey, uy, oy)

A combination of a consonant-*kamats-yod-vav* אָיו which originated in a historical diphthong may occur at the end of a word and is always pronounced as **av** (the *yod* is silent), as in סְתָיו *stav* (autumn).

Normally a vowel is pronounced after its consonant, and a consonant can carry one vowel only. An exception may occur at the end of a word if the last consonant is a *chet*, an *áyin* or a *heh*: A *patach* written under those consonants will be pronounced before them, following the vowel which goes with the previous consonant. Thus רוּחַ (wind) is pronounced *rú-ach* and not *rú-cha*.

Hebrew may be written with or without vowel marks. Supplying vowel marks to a text is a difficult task both in terms of the knowledge which it requires and the technical aspects which are still problematic, even in the computer age. Printed Bibles, poetry books and primers are traditionally published with vowel marks. Some books use a mixed practice, adding vowel marks to difficult or newly-introduced words only. In most cases Hebrew is printed or written without vowel marks (it is "unvocalized").

When a text is written without vowel marks, the letters *vav* and *yod* are often used to indicate the vowels "o" and "u" (*vav*) or "i" (*yod*). Thus, for example, the word דִּבֵּר (he spoke) will be written as דיבר when it appears without its vowel marks. To distinguish between a *vav* which has a consonant value and the one which is a vowel indicator, the consonantal *vav* is doubled when the word appears without vowel marks. Therefore Hebrew has דַּוָּר (postman) written as דוור , which distinguishes it from דּוֹר (generation), דור. The same goes for *yod*-- עַיִר (young donkey) is עייר, distinguished from עִיר (city) עיר. As *vav* and *yod* at the beginning of a word are naturally assumed to be consonantal, they are not doubled in the non-vocalized orthography. The rules governing the cases where one should use *yod* and *vav* for vowel indication or double the *yod* or the *vav* are quite intricate. In this book we make an effort to follow them, but we often insert vowel letters that are uncalled for when we assume that this may assist in pronunciation, as in the words אהרון, ביית, צוהריים. We use partial vocalization for the same purpose.

Words whose spelling changes when they are not vocalized will be introduced in this book in both forms when they first occur, e.g., עִנְיָנִים (עניינים); דִּבֵּר (דיבר)

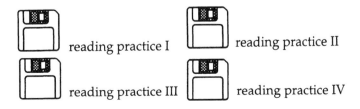

reading practice I   reading practice II

reading practice III   reading practice IV

✍ Exercise 9: Find the hidden Israeli city names (no spaces or final letters used)

א	ת	נ	ש	ג	ז	ת	ל	י	א
ג	ד	ט	מ	פ	ת	ו	ר	ד	ש
ו	כ	ע	ת	צ	ל	ק	א	ב	ד
ל	ש	ב	י	נ	א	ח	נ	א	ו
נ	כ	מ	ת	ת	ב	ח	ו	ר	ד
צ	ס	נ	ר	ד	י	ז	ק	ש	פ
ס	י	ה	ה	פ	ב	ת	ש	ב	ס
ה	מ	ר	ה	ו	ג	כ	ל	ע	צ
נ	ת	י	מ	י	ל	ש	ו	ר	י
י	ל	ה	כ	ת	ו	ב	ו	ח	ר

תל אביב
חיפה
נתניה
נהריה
ירושלים
עכו
באר שבע
אילת
אשדוד
רחובות
שדרות

✍ Exercise 10: Find the hidden foreign words (no spaces or final letters used)

פ	ט	ו	א	נ	ו	ר	ט	ס	א
י	כ	ט	ה	ד	א	מ	ו	נ	ב
ז	ל	ר	ח	ו	ג	צ	א	פ	י
י	מ	ז	ר	ש	י	כ	י	ל	ו
ק	ס	י	נ	א	ר	ח	נ	פ	ל
ה	ק	ע	ל	ו	ע	ל	ט	י	ו
ה	ס	י	נ	ז	א	ל	ר	ג'	ג
ד	ז	י	י	צ	פ	ג	נ	מ	י
מ	ז	פ	צ	ו	ט	ר	ט	ה	ה
מ	ק	ש	נ	ת	ו	ז'	ז	ד	י

אסטרונאוט
אנאכרוניזם
פיזיקה
טלפון
פיגימה
גרזי'
אינטרנט
סוציאליזם
ביולוגיה

✍ **Exercise 11: Connect the dots in alphabetical order; color for fun!**

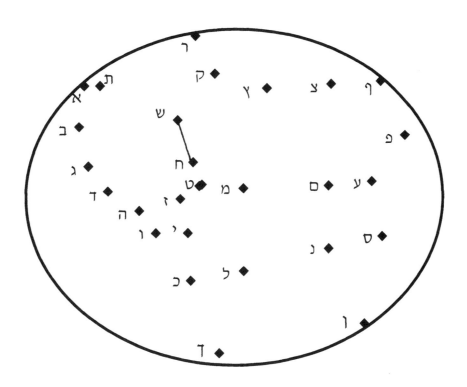

☺😐 **Oral practice: Read!**

דְּרוֹר יִקְרָא לְבֵן עִם בַּת
וְיִנְצָרְכֶם* כְּמוֹ בָבַת,
נְעִים שִׁמְכֶם וְלֹא יֻשְׁבַּת,
שְׁבוּ נוּחוּ בְּיוֹם שַׁבָּת.

Deror Yikra

דְּרוֹשׁ נָוִי וְאוּלַמִּי
וְאוֹת יֶשַׁע עֲשֵׂה עִמִּי,
נְטַע שׂוֹרֵק בְּתוֹךְ כַּרְמִי,
שְׁעֵה שַׁוְעַת בְּנֵי עַמִּי.

אֱלֹהִים תֵּן בְּמִדְבָּר הָר,
הֲדַס שִׁטָּה בְּרוֹשׁ תִּדְהָר,
וְלַמַּזְהִיר וְלַנִּזְהָר,
שְׁלוֹמִים תֵּן כְּמֵי נָהָר.

*pronounced יִנְצוֹרְכֶם

This *piyut* (liturgical poem) was written by the 10th century poet **Donash ben Labrat.** In agreement with the poetic conventions of the time, the poem line-ends rhyme and the syllable pattern is very strict: Each line of this poem has exactly six syllables. The first and fourth syllables are somewhat longer— they open with a schwa or a composite schwa, both of which are too short to constitute the nucleus of an independent syllable:

דְּרוֹר-יִקְ-רָא לְבֵן-עִם-בַּת
וְיִנְ-צָרְ-כֶם כְּמוֹ בָּ-בַת

Note another convention— the poet's name is revealed when the first letters of each line of the first two stanzas are combined!

☺😐 **Oral practice:**

Work in pairs. Read words from the book's glossary and repeat them.
Bring a short poem to class and read it.

Try a portion of the first and second chapters of Genesis:

1 1 בְּרֵאשִׁית בָּרָא אֱלֹהִים אֵת הַשָּׁמַיִם וְאֵת הָאָרֶץ׃ 2 וְהָאָרֶץ
הָיְתָה תֹהוּ וָבֹהוּ וְחֹשֶׁךְ עַל־פְּנֵי תְהוֹם וְרוּחַ אֱלֹהִים מְרַחֶפֶת עַל־פְּנֵי
הַמָּיִם׃ 3 וַיֹּאמֶר אֱלֹהִים יְהִי אוֹר וַיְהִי־אוֹר׃ 4 וַיַּרְא אֱלֹהִים אֶת־
הָאוֹר כִּי־טוֹב וַיַּבְדֵּל אֱלֹהִים בֵּין הָאוֹר וּבֵין הַחֹשֶׁךְ׃ 5 וַיִּקְרָא
אֱלֹהִים לָאוֹר יוֹם וְלַחֹשֶׁךְ קָרָא לָיְלָה וַיְהִי־עֶרֶב וַיְהִי־בֹקֶר יוֹם
אֶחָד׃ 6 וַיֹּאמֶר אֱלֹהִים יְהִי רָקִיעַ בְּתוֹךְ הַמָּיִם וִיהִי מַבְדִּיל
בֵּין מַיִם לָמָיִם׃ 7 וַיַּעַשׂ אֱלֹהִים אֶת־הָרָקִיעַ וַיַּבְדֵּל בֵּין הַמַּיִם אֲשֶׁר
מִתַּחַת לָרָקִיעַ וּבֵין הַמַּיִם אֲשֶׁר מֵעַל לָרָקִיעַ וַיְהִי־כֵן׃ 8 וַיִּקְרָא
אֱלֹהִים לָרָקִיעַ שָׁמָיִם וַיְהִי־עֶרֶב וַיְהִי־בֹקֶר יוֹם שֵׁנִי׃
9 וַיֹּאמֶר אֱלֹהִים יִקָּווּ הַמַּיִם מִתַּחַת הַשָּׁמַיִם אֶל־מָקוֹם אֶחָד וְתֵרָאֶה
הַיַּבָּשָׁה וַיְהִי־כֵן׃ 10 וַיִּקְרָא אֱלֹהִים לַיַּבָּשָׁה אֶרֶץ וּלְמִקְוֵה הַמַּיִם
קָרָא יַמִּים וַיַּרְא אֱלֹהִים כִּי־טוֹב׃ 11 וַיֹּאמֶר אֱלֹהִים תַּדְשֵׁא הָאָרֶץ
דֶּשֶׁא עֵשֶׂב מַזְרִיעַ זֶרַע עֵץ פְּרִי עֹשֶׂה פְּרִי לְמִינוֹ אֲשֶׁר זַרְעוֹ־בוֹ
עַל־הָאָרֶץ וַיְהִי־כֵן׃ 12 וַתּוֹצֵא הָאָרֶץ דֶּשֶׁא עֵשֶׂב מַזְרִיעַ זֶרַע לְמִינֵהוּ
וְעֵץ עֹשֶׂה פְּרִי אֲשֶׁר זַרְעוֹ־בוֹ לְמִינֵהוּ וַיַּרְא אֱלֹהִים כִּי־טוֹב׃ 13 וַיְהִי־
עֶרֶב וַיְהִי־בֹקֶר יוֹם שְׁלִישִׁי׃ 14 וַיֹּאמֶר אֱלֹהִים יְהִי מְאֹרֹת
בִּרְקִיעַ הַשָּׁמַיִם לְהַבְדִּיל בֵּין הַיּוֹם וּבֵין הַלָּיְלָה וְהָיוּ לְאֹתֹת וּלְמוֹעֲדִים
וּלְיָמִים וְשָׁנִים׃ 15 וְהָיוּ לִמְאוֹרֹת בִּרְקִיעַ הַשָּׁמַיִם לְהָאִיר עַל־הָאָרֶץ
וַיְהִי־כֵן׃ 16 וַיַּעַשׂ אֱלֹהִים אֶת־שְׁנֵי הַמְּאֹרֹת הַגְּדֹלִים אֶת־הַמָּאוֹר
הַגָּדֹל לְמֶמְשֶׁלֶת הַיּוֹם וְאֶת־הַמָּאוֹר הַקָּטֹן לְמֶמְשֶׁלֶת הַלַּיְלָה וְאֵת
הַכּוֹכָבִים׃ 17 וַיִּתֵּן אֹתָם אֱלֹהִים בִּרְקִיעַ הַשָּׁמָיִם לְהָאִיר עַל־הָאָרֶץ׃
18 וְלִמְשֹׁל בַּיּוֹם וּבַלַּיְלָה וּלֲהַבְדִּיל בֵּין הָאוֹר וּבֵין הַחֹשֶׁךְ וַיַּרְא אֱלֹהִים
כִּי־טוֹב׃ 19 וַיְהִי־עֶרֶב וַיְהִי־בֹקֶר יוֹם רְבִיעִי׃ 20 וַיֹּאמֶר

אֱלֹהִים יִשְׁרְצ֣וּ הַמַּ֔יִם שֶׁ֖רֶץ נֶ֣פֶשׁ חַיָּ֑ה וְעוֹף֙ יְעוֹפֵ֣ף עַל־הָאָ֔רֶץ עַל־פְּנֵ֖י

רְקִ֣יעַ הַשָּׁמָ֑יִם 21 וַיִּבְרָ֣א אֱלֹהִ֔ים אֶת־הַתַּנִּינִ֖ם הַגְּדֹלִ֑ים וְאֵ֣ת כָּל־נֶ֣פֶשׁ

הַחַיָּ֣ה הָֽרֹמֶ֡שֶׂת אֲשֶׁר֩ שָׁרְצ֨וּ הַמַּ֜יִם לְמִֽינֵהֶ֗ם וְאֵ֨ת כָּל־ע֤וֹף כָּנָף֙ לְמִינֵ֔הוּ

וַיַּ֥רְא אֱלֹהִ֖ים כִּי־טֽוֹב׃ 22 וַיְבָ֧רֶךְ אֹתָ֛ם אֱלֹהִ֖ים לֵאמֹ֑ר פְּר֣וּ וּרְב֗וּ

וּמִלְא֤וּ אֶת־הַמַּ֨יִם֙ בַּיַּמִּ֔ים וְהָע֖וֹף יִ֥רֶב בָּאָֽרֶץ׃ 23 וַֽיְהִי־עֶ֥רֶב וַֽיְהִי־בֹ֖קֶר

י֥וֹם חֲמִישִֽׁי׃ 24 וַיֹּ֣אמֶר אֱלֹהִ֗ים תּוֹצֵ֣א הָאָ֜רֶץ נֶ֤פֶשׁ חַיָּה֙ לְמִינָ֔הּ

בְּהֵמָ֥ה וָרֶ֛מֶשׂ וְחַֽיְתוֹ־אֶ֖רֶץ לְמִינָ֑הּ וַֽיְהִי־כֵֽן׃ 25 וַיַּ֣עַשׂ אֱלֹהִים֩ אֶת־חַיַּ֨ת

הָאָ֜רֶץ לְמִינָ֗הּ וְאֶת־הַבְּהֵמָה֙ לְמִינָ֔הּ וְאֵ֛ת כָּל־רֶ֥מֶשׂ הָֽאֲדָמָ֖ה לְמִינֵ֑הוּ

וַיַּ֥רְא אֱלֹהִ֖ים כִּי־טֽוֹב׃ 26 וַיֹּ֣אמֶר אֱלֹהִ֗ים נַֽעֲשֶׂ֥ה אָדָ֛ם בְּצַלְמֵ֖נוּ

כִּדְמוּתֵ֑נוּ וְיִרְדּוּ֩ בִדְגַ֨ת הַיָּ֜ם וּבְע֣וֹף הַשָּׁמַ֗יִם וּבַבְּהֵמָה֙ וּבְכָל־הָאָ֔רֶץ

וּבְכָל־הָרֶ֖מֶשׂ הָֽרֹמֵ֥שׂ עַל־הָאָֽרֶץ׃ 27 וַיִּבְרָ֨א אֱלֹהִ֤ים ׀ אֶת־הָֽאָדָם֙

בְּצַלְמ֔וֹ בְּצֶ֥לֶם אֱלֹהִ֖ים בָּרָ֣א אֹת֑וֹ זָכָ֥ר וּנְקֵבָ֖ה בָּרָ֥א אֹתָֽם׃ 28 וַיְבָ֣רֶךְ

אֹתָם֮ אֱלֹהִים֒ וַיֹּ֨אמֶר לָהֶ֜ם אֱלֹהִ֗ים פְּר֥וּ וּרְב֛וּ וּמִלְא֥וּ אֶת־הָאָ֖רֶץ וְכִבְשֻׁ֑הָ

וּרְד֞וּ בִּדְגַ֤ת הַיָּם֙ וּבְע֣וֹף הַשָּׁמַ֔יִם וּבְכָל־חַיָּ֖ה הָֽרֹמֶ֥שֶׂת עַל־הָאָֽרֶץ׃

29 וַיֹּ֣אמֶר אֱלֹהִ֗ים הִנֵּה֩ נָתַ֨תִּי לָכֶ֜ם אֶת־כָּל־עֵ֣שֶׂב ׀ זֹרֵ֣עַ זֶ֗רַע אֲשֶׁר֙ עַל־

פְּנֵ֣י כָל־הָאָ֔רֶץ וְאֶת־כָּל־הָעֵ֛ץ אֲשֶׁר־בּ֥וֹ פְרִי־עֵ֖ץ זֹרֵ֣עַ זָ֑רַע לָכֶ֥ם יִֽהְיֶ֖ה

לְאָכְלָֽה׃ 30 וּֽלְכָל־חַיַּ֣ת הָ֠אָרֶץ וּלְכָל־ע֨וֹף הַשָּׁמַ֜יִם וּלְכֹ֣ל ׀ רוֹמֵ֣שׂ

עַל־הָאָ֗רֶץ אֲשֶׁר־בּוֹ֙ נֶ֣פֶשׁ חַיָּ֔ה אֶת־כָּל־יֶ֥רֶק עֵ֖שֶׂב לְאָכְלָ֑ה וַֽיְהִי־כֵֽן׃

31 וַיַּ֤רְא אֱלֹהִים֙ אֶת־כָּל־אֲשֶׁ֣ר עָשָׂ֔ה וְהִנֵּה־ט֖וֹב מְאֹ֑ד וַֽיְהִי־עֶ֥רֶב וַֽיְהִי־

בֹ֖קֶר י֥וֹם הַשִּׁשִּֽׁי׃

2 1 וַיְכֻלּ֛וּ הַשָּׁמַ֥יִם וְהָאָ֖רֶץ וְכָל־צְבָאָֽם׃

2 וַיְכַ֤ל אֱלֹהִים֙ בַּיּ֣וֹם הַשְּׁבִיעִ֔י מְלַאכְתּ֖וֹ אֲשֶׁ֣ר עָשָׂ֑ה וַיִּשְׁבֹּת֙ בַּיּ֣וֹם

הַשְּׁבִיעִ֔י מִכָּל־מְלַאכְתּ֖וֹ אֲשֶׁ֥ר עָשָֽׂה׃ 3 וַיְבָ֤רֶךְ אֱלֹהִים֙ אֶת־י֣וֹם

הַשְּׁבִיעִ֔י וַיְקַדֵּ֖שׁ אֹת֑וֹ כִּ֣י ב֤וֹ שָׁבַת֙ מִכָּל־מְלַאכְתּ֔וֹ אֲשֶׁר־בָּרָ֥א אֱלֹהִ֖ים לַעֲשֽׂוֹת׃

§ 0.3 A note on transliteration and borrowed words

A number of rules govern the transliteration of a non-Hebrew word or the spelling of a borrowed word. The one which is observed more consistently than other rules requires that each "t" be transliterated as a *tet* and each "th" as a *tav*. For example:

Tom	טום
Matt	מאט
Trudie	טרודי
Fort Worth	פורט וורת
Mathematics	מתימטיקה
Austin	אוסטין

Some people, however, indicate a *th* by 'ת. Similarly, a *w* may be indicated by 'ו, even though usually it is indicated by a doubled *vav* as in וויליאם.

Another rule requires that an *álef* be inserted to indicate an "a" sound. This is not strictly observed, resulting in varied spellings:

Texas	טקסאס, טקסס
Dallas	דאלאס, דלס
Patagonia	פאטאגוניה, פטגוניה

✍ Exercise 12: Write the following words in Hebrew

San Antonio _____	Cleopatra _____
Tone _____	Elizabeth _____
Hormone _____	Pigment _____
Napoleon _____	Bar _____
Bernard _____	Honduras _____
Tofu _____	Broccoli _____
Doctor Doolittle _____	Alcohol _____
Bandit _____	Churchill _____
Vincent _____	Opal _____

Unit álef

יחידה א

₪

לפני השיעור
Before Class

₪ שָׁלוֹם	peace, hello! hi! bye!
₪ שֵׁם	name
₪ שֵׁמוֹת	names
₪ שְׁמִי	my name
₪ שִׁמְךָ	your (m.sg.) name
₪ שְׁמֵךְ	your (f.sg.) name
₪ שְׁמוֹ	his name
₪ שְׁמָהּ	her name
₪ מַה (?)	what (?)
₪ מַה שִּׁמְךָ ?	what is your (m.sg.) name?
₪ וְ-, וּ-, וַ-, וָ-	and (prefix)
₪ נָעִים	pleasant
₪ מְאֹד (מאוד)	very
₪ נָעִים מְאֹד! (נעים מאוד)	nice meeting you!

álef 1

Formatting notes:
The symbol ₪ precedes newly-introduced words.
The projector icon names a "Merav and Friends" video clip which may be used with this unit.
The mouse icon indicates a stack of flashcards. The words above are included in the stack named **álef 1**.

שֵׁמוֹת:

אַבְרָהָם	יוּבַל
יִצְחָק	יִגְאַל
יַעֲקֹב (יעקוב)	רֹתֶם (רותם)
דָּוִד (דוויד)	תֹּמֶר (תומר)
מֹשֶׁה	אָסָף

יְהוֹשֻׁעַ	אִילָן
שְׁמוּאֵל	עוֹדֵד
שָׁאוּל	יַרְדֵּן
חַיִּים	אָבִיב
פֶּסַח	מִיכָאֵל
אַהֲרֹן (אהרון)	אֶלְעָד
יוֹסֵף	דָּנִי

שָׂרָה	טַלְיָה
רִבְקָה	רְוִיטַל (רוויטל)
רָחֵל	יָעֵל
לֵאָה	אוֹרִית
אֶסְתֵּר	קֶרֶן
דִּינָה	נֹגַהּ (נוגה)
נָעֳמִי	מֵרַב (מירב)
חַוָּה (חווה)	שִׁירָה
שׁוֹשַׁנָּה	רַקֶּפֶת
תָּמָר	מִיכַל
מִרְיָם (מריים)	אֶפְרָת
שׁוּלַמִּית	לִימוֹר

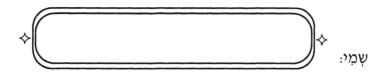

שְׁמִי:

יוּבַל: שָׁלוֹם! שְׁמִי יוּבַל. מַה שְּׁמֵךְ?

תָּמָר: שְׁמִי תָּמָר.

יוּבַל וְתָמָר: נָעִים מְאֹד!

לִיאָת: שְׁמִי לִיאָת.

אָבִיב: וּשְׁמִי אָבִיב.

לִיאָת וְאָבִיב: נָעִים מְאֹד!

a1

מַה שִׁמְךָ? שְׁמִי יִצְחָק.
מַה שְׁמֵךְ? שְׁמִי מִרְיָם.
נָעִים מְאֹד!

מַה שִׁמְךָ? שְׁמִי ________.
מַה שְׁמֵךְ? שְׁמִי ________.

מַה שִׁמְךָ? שְׁמִי עֹז.
מַה שְׁמֵךְ? שְׁמִי שִׁירָה.
נָעִים מְאֹד!

מַה ________? שְׁמִי עֹז.
מַה ________? שְׁמִי שִׁירָה.

names

➻ **Vocabulary notes:**

The word שָׁלוֹם has a wide variety of meanings, all of them related to wholeness and soundness. It is used in reference to an individual's well being and in general in the context of peace.

The expression נָעִים מְאֹד literally means "very pleasant." נָעִים מְאֹד is usually uttered while the speaker offers a firm handshake.

Much like "name" in English, the word שם may be used for "reputation."

נָעִים מְאֹד!

וְאֵלֶּה שְׁמוֹת בְּנֵי יִשְׂרָאֵל הַבָּאִים מִצְרָיְמָה אֵת יַעֲקֹב
אִישׁ וּבֵיתוֹ בָּאוּ. רְאוּבֵן שִׁמְעוֹן לֵוִי וִיהוּדָה. יִשָּׂשכָר
זְבוּלֻן וּבִנְיָמִן. דָּן וְנַפְתָּלִי גָּד וְאָשֵׁר.

Exodus 1:1-4 — שמות א׳ א-ד

Under the influence of Yiddish, the more traditional Hebrew names are often pronounced with stress falling on the first syllable instead of the last one:

יִ֫צְחָק, דָּ֫וִיד, שָׂ֫רָה

Native speakers who are careful with their speech will make sure to pronounce the names accentuating the last syllable.

☺☹ **Oral practice:**
Walk around. Introduce yourself to your classmates, and ask them about their names.

✍ **Exercise 1: Match the print and handwritten versions of the names**

יוּבַל	שמואל	שאול	אַבְרָהָם
נֹעַם	יובל	מיכאל	יִצְחָק
רֹתֶם	אלעד	עוז	יַעֲקֹב
תֹּמֶר	רותם	תומר	דָּוִד
אָסָף	דוויד	יוסף	מֹשֶׁה
אִילָן	משה	אהרון	יְהוֹשֻׁעַ
עֹז	רונן	נועם	שְׁמוּאֵל
יַרְדֵּן	אילן	חיים	שָׁאוּל
אָבִיב	אסף	יהושע	חַיִּים
מִיכָאֵל	אביב	ירדן	פֶּסַח
אֶלְעָד	יצחק	פסח	אַהֲרֹן
רוֹנֵן	אברהם	יעקב	יוֹסֵף

דוויד: שלום, שמי דוויד. מה שמֵך?

יעל: שמי יעל. **(pointing to Merav)** ומה שמה?

דוויד: שמה מירב.

יעל, דוויד ומירב: נעים מאוד!

☺☺ **Oral practice:**

> *Work with a partner. Discuss your own names and point to other people in the room, referring to their names.*

§ 1.1 The conjunction ‏וְ‎ *and*

The conjunction "and" is a *vav* prefixed to a word. The common pronunciation of the conjunction is ‏וְ‎. It has, however, a number of other variants, all of which are dictated by the consonant to which the conjunction is prefixed or by the vowel which goes with that consonant. The other common variant is ‏וּ‎. It occurs before the consonants ‏ב ו מ פ‎ or any consonant with a schwa. Note the occurrence of the two variants in this paragraph which is recited following the ‏שְׁמַע‎ , the Jewish proclamation of faith:

וְאָהַבְתָּ אֵת יהוה אֱלֹהֶיךָ בְּכָל-לְבָבְךָ וּבְכָל-נַפְשְׁךָ וּבְכָל-מְאֹדֶךָ: וְהָיוּ
הַדְּבָרִים הָאֵלֶּה אֲשֶׁר אָנֹכִי מְצַוְּךָ הַיּוֹם עַל-לְבָבֶךָ: וְשִׁנַּנְתָּם לְבָנֶיךָ
וְדִבַּרְתָּ בָּם בְּשִׁבְתְּךָ בְּבֵיתֶךָ וּבְלֶכְתְּךָ בַדֶּרֶךְ וּבְשָׁכְבְּךָ וּבְקוּמֶךָ: וּקְשַׁרְתָּם
לְאוֹת עַל-יָדֶךָ וְהָיוּ לְטֹטָפֹת בֵּין עֵינֶיךָ: וּכְתַבְתָּם עַל-מְזֻזוֹת בֵּיתֶךָ
וּבִשְׁעָרֶיךָ:

דברים ו, ה-ט   Deuteronomy 6:5-9

The conjunction is pronounced ‏וַ‎ before a consonant whose vowel is a composite schwa like ‏וַאֲנִי‎ "and I." Before a word which begins with a stressed syllable, usually in pairs, it is pronounced ‏וָ‎ as in ‏טוֹב וָרַע‎ *good and evil*. Native speakers rarely make such distinctions, and pronounce ‏ו‎ consistently as ‏וְ‎ (‏וְבְכָל, וְאֲנִי‎).

✍ **Exercise 2: Pair the following names with a *vav***

שירה _מירב שרה _רחל לאה _תומר דן _משה
עוז _רונן דוויד _שְׁלֹמֹה מיכל _יובל יצחק _דוויד

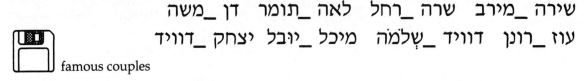
famous couples

₪

₪	סְטוּדֶנְט, סְטוּדֶנְטִים	student (m) , students (m)
₪	סְטוּדֶנְטִית, סְטוּדֶנְטִיּוֹת	student (f), students (f)
₪	בְּ- בַּ-	in, at (prefix)
₪	בַּ-, בָּ-	in the, at the (prefix)
₪	אוּנִיבֶרְסִיטָה	university
₪	מְדַבֵּר (מְדַבֶּרֶת, מְדַבְּרִים, מְדַבְּרוֹת)	speak
₪	עִבְרִית	Hebrew
₪	אַנְגְּלִית	English
₪	שִׁעוּר (שיעור)	class, lesson
₪	מוֹרֶה	teacher (m)
₪	מוֹרָה	teacher (f)
₪	פְּרוֹפֶסוֹר	professor (m)
₪	פְּרוֹפֶסוֹרִית	professor (f)
₪	אֲנִי	I
₪	הַ-, הָ-, הֶ-	the (prefix)

álef 2

מֵרַב סְטוּדֶנְטִית.
עוֹדֵד סְטוּדֶנְט.
יִגְאָל סְטוּדֶנְט.
יָעֵל סְטוּדֶנְטִית.
מֵרַב וְעוֹדֵד סְטוּדֶנְטִים.
מֵרַב וְיָעֵל סְטוּדֶנְטִיּוֹת.
אָסָף מוֹרֶה.
שִׁירָה מוֹרָה.

a2

רוֹן מוֹרֶה בָּאוּנִיבֶרְסִיטָה. רוֹן פְּרוֹפֶסוֹר. קֶרֶן סְטוּדֶנְטִית.
רוֹן וְקֶרֶן מְדַבְּרִים אַנְגְּלִית.

יִצְחָק וְנֹעַם מְדַבְּרִים עִבְרִית בַּשִּׁעוּר.
טַלְיָה וּרְוִיטַל מְדַבְּרוֹת אַנְגְּלִית בַּשִּׁעוּר.

אָסָף: שָׁלוֹם מֵרָב! שְׁמִי אָסָף. אֲנִי מוֹרֶה.
מֵרָב: וַאֲנִי סְטוּדֶנְטִית בָּאוּנִיבֶרְסִיטָה בְּאוֹסְטִין.
אָסָף וּמֵרָב: נָעִים מְאֹד!
אָסָף: אֲנִי מְדַבֵּר אַנְגְלִית וְעִבְרִית.
מֵרָב: וַאֲנִי מְדַבֶּרֶת עִבְרִית.

a3

➙ **Vocabulary notes:**

Because the words for "student" and "professor" are borrowed, speakers commonly place the stress on the "de" in סטודנט and the "fe" in פרופסור in all the forms (סטודנט, סטודנטית, סטודנטים, סטודנטיות, פרופסור etc.). Some speakers, however, place the stress on the very last syllable in all these words, which gives them a "Hebraized" flavor. The same is true for "university," which is pronounced either אוּנִיבֶרְסִיטָה or אוּנִיבֶרְסִיטָה.

The preposition ב has many functions in Hebrew. Aside from indicating location, it is often used to indicate a medium or general vicinity where English would use "on" (as in on TV, on the phone, on Dover St.).

שיעור is used as "class" but not as "classroom"— it does not refer to a physical space. (see further in §5.2)

☺☹ **Oral practice:**

Work with a partner. Talk to each other about being a students at the University, about your teacher, and about the languages which you speak.

§ 1.2 Sentence structure: The simple sentence

The simple sentence in Hebrew opens with the subject which is followed by the predicate, that is, the part of the sentence which gives information about the subject. The predicate can be a noun (Rotem is a student), an adjective (Rotem is nice), a prepositional phrase (Rotem is at the university) or a verbal phrase (Rotem speaks Hebrew). Note that sentences in the present tense do not have a "be" verb when an English sentences would have one. Hebrew uses "be" verbs only in the past and future tense.

רֹתֶם סְטוּדֶנְט.
רֹתֶם בָּאוּנִיבֶרְסִיטָה.
רֹתֶם מְדַבֵּר עִבְרִית.

§ 1.3 Gender and number

Every Hebrew noun has a gender. Masculine and feminine nouns are distinctly different, and so are verb forms which go with masculine or feminine subjects. Similarly, singular and plural forms of verbs and nouns are distinctly different. Such differences are largely expressed in suffixes:

יִצְחָק סְטוּדֶנְט. יִצְחָק וְנֹעַם סְטוּדֶנְטִים.
יִצְחָק מְדַבֵּר עִבְרִית. יִצְחָק וְנֹעַם מְדַבְּרִים עִבְרִית.
רְוִיטַל סְטוּדֶנְטִית. טַלְיָה וּרְוִיטַל סְטוּדֶנְטִיּוֹת.
טַלְיָה מְדַבֶּרֶת עִבְרִית. טַלְיָה וּרְוִיטַל מְדַבְּרוֹת עִבְרִית.

a4

✍ **Exercise 2: Fill in the blanks, using various names from the list and paying attention to the gender and number indicated by the provided segments**

1. __________ סְטוּדֶנְט.
2. __________ סְטוּדֶנְטִית.
3. __________ ו__________ סְטוּדֶנְטִים.
4. __________ ו__________ סְטוּדֶנְטִיּוֹת.
5. __________ בָּאוּנִיבֶרְסִיטָה.
6. __________ בָּאוּנִיבֶרְסִיטָה.
7. __________ ו__________ בָּאוּנִיבֶרְסִיטָה.
8. __________ ו__________ בָּאוּנִיבֶרְסִיטָה.
9. __________ מְדַבֵּר עִבְרִית.
10. __________ מְדַבֶּרֶת עִבְרִית.
11. __________ ו__________ מְדַבְּרִים עִבְרִית.
12. __________ ו__________ מְדַבְּרוֹת עִבְרִית.

₪

₪ סְלִיחָה	pardon me, excuse me, forgive me
₪ תּוֹדָה!	thanks! thank you!
₪ בְּבַקָּשָׁה	you are welcome; please
₪ יִשְׂרָאֵל	Israel
₪ אֲמֶרִיקָה	America
₪ מַה נִּשְׁמַע?	how are things?
₪ בְּסֵדֶר	all right, fine, well
₪ הַכֹּל	all, everything (the entirety)
₪ הַכֹּל בְּסֵדֶר	all is well
₪ לְהִתְרָאוֹת!	bye, see you!
₪ טוֹב	good, well, OK
₪ טוֹב, תּוֹדָה!	well, thank you!
₪ בֹּקֶר (בוקר)	morning
₪ בֹּקֶר טוֹב! (בוקר טוב)	good morning!
₪ טֶלֶפוֹן	telephone
₪ סְלֶנְג	slang

álef 3

רוֹן בְּיִשְׂרָאֵל, וְטַלְיָה בַּאֲמֶרִיקָה. רוֹן וְטַלְיָה מְדַבְּרִים בַּטֶּלֶפוֹן:

טַלְיָה: שלום רוֹן! מַה נִּשְׁמַע?

רוֹן: טוֹב, תּוֹדָה. מַה נִּשְׁמַע, טַלְיָה?

טַלְיָה: הַכֹּל בְּסֵדֶר! רוֹן, מַה נִּשְׁמַע בְּיִשְׂרָאֵל?

רוֹן: הַכֹּל בְּסֵדֶר. וּבַאֲמֶרִיקָה?

טַלְיָה: בְּסֵדֶר.

יִצְחָק: בֹּקֶר טוֹב, שִׁירָה. מַה נִּשְׁמַע?

שִׁירָה: בֹּקֶר טוֹב, יִצְחָק. הַכֹּל בְּסֵדֶר!

יִצְחָק: טוֹב, לְהִתְרָאוֹת!

שִׁירָה: לְהִתְרָאוֹת!

a5

In contexts in which politeness is desired, the words בבקשה or סליחה will be frequently used:

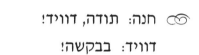

אברהם: מה שמך, בבקשה?
מיכאל: שמי מיכאל.

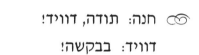

אברהם: סליחה, מה שמך?
מיכאל: שמי מיכאל.

a6

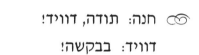

חנה: תודה, דוויד!
דוויד: בבקשה!

Exercise 3: Fill in the blanks with a name

1. ______________ סטודנט.

2- שמי עודד. מה שְמֵךְ בבקשה?

- שמי ______________ .

3. ______________ מוֹרָה.

4. ______________ ו______________ סטודנטיות.

5. ______________ פרופסורית.

6. ______________ ו______________ פרופסוריות.

7. ______________ ו ______________ באמריקה.

Exercise 4: Fill in the blanks, completing the short dialogues

1.- תודה!

- ______________ !

2.- שלום מירב! מה ______________ ?

- ______________ , תודה.

3.- שמי שירה.

- שמי יגאל, ______________ ______________ !

סְלֶנְג:

	how are things?	מה הָעִנְיָנִים? (מה העניינים)
álef 3	bye, see you (abbreviation of לְהִתְרָאוֹת)	לְהִת. !

רינה: מה הָעִנְיָנִים, רון?

רון: הַכֹּל בְּסֵדֶר!

רינה ורון: לְהִת.!

a7

Vocabulary notes:

The word סְלִיחָה literally means "forgiveness."

The expression מַה נִּשְׁמַע? is literally a question which may be interpreted as "what shall we hear?"

The word בְּסֵדֶר literally means "in order." הַכֹּל בְּסֵדֶר means "everything is in order."

The word לְהִתְרָאוֹת literally means "to see one another."

בְּ *in, at* is pronounce בַּ before a composite shcwa ֲ , as in בַּאֲמֶרִיקָה . In all other cases בַּ means *in the, at the.*

§ 1.4 The definite article -ה

The definite article is the prefix -ה, which is mostly pronounced as -הַ. Definiteness will be further discussed in 5.1. Note here the definiteness in the words הכל (all; the entirety) and העניינים (the matters).

Exercise 5: Produce the following sentences in Hebrew

For additional practice replace the names with other names and make the necessary changes

1. - Hello! My name is Danny.
   - Nice meeting you.
2. - Good morning, Sarah! How are you?
   - Fine, thank you.
3. - Thanks, Rivka!
   - You are welcome.
4. - Excuse me! What's your (m.sg.) name?
   - My name is Isaac, and what's your (f.sg.) name?
   - My name is Rachel.
5. What is his name? His name is Ron.
6. Ya'el is a professor at a university.
7. Merav is a student at the university.
8. Shira and Danny are students and Oded is a teacher.
9. David and Jacob speak Hebrew, and Sarah speaks English.
10. Ya'el and Oded are talking on the phone.

Exercise 6: Link all possible matches between columns א and ב, ב and ג

א	ב	ג
סטודנט	דוויד	באוניברסיטה
מדברת עברית	מיכאל ורונית	מורֶה
סטודנטיות	רוויטל	מורָה
סטודנטים	נוגה ורינה	מדבר עברית
פרופסורית	יצחק	באמריקה
מדברות בטלפון	משה ואהרון	בשיעור

Unit bet

יחידה ב

₪

אחרי השיעור
After Class

bet 1

₪ שְׁלוֹמִי	(my well-being)
₪ שְׁלוֹמִי טוֹב, תודה!	I am fine, thank you!
₪ שְׁלוֹמְךָ	[your (m.sg.) well-being]
₪ שְׁלוֹמֵךְ	[your (f.sg.) well-being]
₪ שְׁלוֹמוֹ	(his well-being)
₪ שְׁלוֹמָהּ	(her well-being)
₪ מה שלומך?	how are you?

עודד: שלום מירב. מה שלומֵךְ?
מירב: שלומי טוב, תודה. ומה שלומךָ?
עודד: הכל בסדר. ויעל-- מה שלומה?
מירב: יעל בסדר. להתראות!
עודד: להת.!

יעל: שלום משה! מה שלומך?
משה: שלומי טוב. ומה שלומך?
יעל: בסדר. מה שלום עודד?
משה: שלומו טוב!
יעל: להתראות!

b1

Note yet another way of informally greeting people and asking how they are doing: מה שלומך?, which may translate literally as "how is your well-being?". Also note that the word שלום in combinations such as "my well being," "his well being" etc. behaves exactly like the word שם in combinations such as "my name," "his name," etc..

☺☺ **Oral practice:**

Work in pairs. Ask each other, "how are you doing?" Talk about how other people are doing.

✍ Exercise 1: Complete with forms of שלום

1. משה: "מה________ דוויד?" חנה: " ________ טוב!"

משה: "ומה________ , חנה?" חנה: "________ טוב, תודה!"

2. רון: " משה, מה________ יעל?" משה: "________ טוב." ומה________ , רון?"

רון: "________ טוב. להת.!"

לוֹמֵד	study (verb)
מְלַמֵּד	teach
יוֹשֵׁב	sit
אוֹהֵב	like, love (verb)
קוֹרֵא	read
כּוֹתֵב	write
סִינִית	Chinese
הִסְטוֹרְיָה	history
מַתֶמָטִיקָה (מתימטיקה)	mathematics
כֵּן	yes
לֹא	no
מִי?	who?
הַאִם?	(question marker)
סִפְרִיָּה (ספרייה)	library

bet 1

יגאל לומֵד עברית. מירב לומֶדֶת סינית. שרה ורבקה לומְדות אנגלית. יגאל, שרה, מירב ורבקה לומְדים באוניברסיטה-- יגאל, שרה, מירב ורבקה סטודנטים.

לומֵד

לומֶדֶת

לומְדים

לומְדות

b2

מירב לומדת סינית? כן, מירב לומדת סינית.

יגאל לומד סינית? לא, יגאל לומד עברית.

שרה לומדת אנגלית? כן, שרה לומדת אנגלית.

שרה ורבקה לומדות עברית? לא, שרה ורבקה לא לומדות עברית-- שרה ורבקה לומדות אנגלית.

מְלַמֵּד

מְלַמֶּדֶת

מְלַמְּדִים

מְלַמְּדוֹת

יוּבָל מלמד הִסְטוֹרְיָה. נָעֳמִי מלמדת מָתֵימָטִיקָה. יובל ונעמי מלמדים באוניברסיטה -- יובל ונעמי מוֹרִים.

נעמי מלמדת מתימטיקה? כן, נעמי מלמדת מתימטיקה.

יובל מלמד מתימטיקה? לא, יובל לא מלמד מתימטיקה-- יובל מלמד הסטוריה.

b3

יובל אוֹהֵב הסטוריה, ונעמי אוֹהֶבֶת מתימטיקה.

עודד יוֹשֵׁב בַּסִּפְרִיָּה?

כן, עודד יוֹשֵׁב בַּסִּפְרִיָּה וקוֹרֵא.

ויעל יוֹשֶׁבֶת בַּסִּפְרִיָּה?

כן, יעל יוֹשֶׁבֶת בַּסִּפְרִיָּה. יעל קוֹרֵאת וכותֶבֶת.

מיכאל סטודנט? כן, מיכאל סטודנט.

יובל סטודנט? לא, יובל מורה.

b4

שרה מורה? לא, שרה לא מורה. שרה סטודנטית.

יובל מלמד באוניברסיטה, ושרה לומדת באוניברסיטה.

§ 2.1 Sentence structure: Yes/no questions and negation

The simple sentence opens with the subject and continues with a predicate (the sentence part which tells us something about the subject):

יגאל סטודנט.

יגאל בָּאוניברסיטה.

יגאל לומד עברית.

A yes/no question (that is, a question for which an answer is either "yes" or "no") in Hebrew is formed when a question mark is added to the simple sentence and the intonation is modified:

יגאל סטודנט?

יגאל באוניברסיטה?

יגאל לומד עברית?

In formal Hebrew, the question marker הַאִם is used to open such a question:

הַאִם יגאל סטודנט?

הַאִם יגאל באוניברסיטה?

הַאִם יגאל לומד עברית?

Questions with הַאִם are quite rare in the spoken language, which relies heavily on a change in intonation in questions.

The words "yes" כן and "no" לא can be used as short, "stand alone" answers:

עודד סטודנט? כן.

עודד ויגאל באוניברסיטה? כן.

עודד לומד סינית? לא.

They may be followed by a full sentence elaborating on the same answer:

הַאִם עודד סטודנט? כן, עודד סטודנט.

עודד באוניברסיטה? כן, עודד באוניברסיטה.

In structures involving negation, the word לא *no* precedes whatever it negates. Thus, when negating the predicate, if the predicate is a noun the לא will precede that noun; if it is a prepositional phrase, the לא will precede the prepositional phrase; and if it is a verbal phrase the לא will precede that phrase. The whole sentence may be negated with a לא, in which case it will have לא twice:

עודד לא מורה.

עודד לא באוניברסיטה.

עודד לומד סינית? לא, עודד לא לומד סינית.

שרה מורה? לא! שרה לא מורה, שרה סטודנטית!

✍ **Exercise 2: Negate the sentences**

1. יעל מורה._____

2. רונית לומדת אנגלית._____

3. יוסף לומד באוניברסיטה._____

4. אני בשיעור._____

5. משה בישראל._____

✍ **Exercise 3: Answer the questions once with "yes" and once with "no"**

1. דוויד סטודנט?_____

_____

2. מיכל באוניברסיטה?_____

_____

3. שמך משה?_____

_____

4. רון באמריקה?_____

_____

5. הכל בסדר?_____

_____

6. דני מלמד עברית?_____

_____

7. דינה לומדת עברית?_____

_____

☺☺   **Oral practice:**

Work in pairs. Ask each other simple "yes/no" questions and answer them.

students

> **Formatting note:**
> The picture icon appears whenever the section is supported by a picture unit in the
> "Let's Talk" section of the computer program.

§ 2.2 Sentence structure: Coordinate sentences

The conjunction "and" ו can connect two (or more) simple sentences as well as parallel elements within a sentence:

יובל מלמד באוניברסיטה, ושרה לומדת באוניברסיטה.

יובל ונעמי מוֹרִים.

הסטודנטים לומדים והמורים מלמדים!

§ 2.3 Verb forms: Present tense and the infinitive

A Hebrew verb in the present tense has four forms, as in

לוֹמֵד	(m.sg.)
לוֹמֶדֶת	(f.sg.)
לוֹמְדִים	(m.pl.)
לוֹמְדוֹת	(f.pl.)

The verb also has an infinitive form which conveys the abstract idea of the action without reference to person. This form is parallel to the English "to ..." or, in some instances, the "...ing" form, as in *I like <u>to study</u>*, or *I like <u>studying</u>*.

Here are some infinitive forms of verbs:

לִלְמֹד (ללמוד)	to study
לִכְתֹּב (לכתוב)	to write
לִקְרֹא (לקרוא)	to read
לֶאֱהֹב (לאהוב)	to like/love
לָשֶׁבֶת	to sit
לְלַמֵּד	to teach
לְדַבֵּר	to speak

דינה אוֹהֶבֶת לִלְמֹד מתימטיקה.

מיכאל אוֹהֵב לִקְרֹא וְלִכְתֹּב.

שירה ורחל אוֹהֲבוֹת לְדַבֵּר עברית.

משה ואסף לא אוֹהֲבִים לְדַבֵּר סינית.

b5

✍ **Exercise 4: Complete the sentences with the appropriate verb forms**

דוויד: יצחק, משה ____________ ללמוד? (use the verb "like")

יצחק: כן, משה ____________ ____________. ומיכאל?

דוויד: מיכאל לא ____________ ____________.

מירב: יעל, רונית אוהבת ____________ בַּשיעור? (use "like" and "sit" or "speak")

יעל: כן, רונית ____________ ____________ בשיעור. ושרה?

מירב: כן. שרה ____________ ____________ בשיעור.

§ 2.4 Vowel changes with א, ה, ח, ע

A vowel change which typically occurs with א, ה, ח, ע can be observed in אוֹהֲבוֹת and אוֹהֲבִים. Other consonants usually take a schwa in this second-consonant position (e.g., כּוֹתְבִים), but א, ה, ח, ע which in general do not lend themselves to pronunciation with a schwa, take a composite schwa with a touch of an "a" sound (אוֹהֲבִים).

A similar vowel change can be observed in the infinitive form לַעֲבֹד below. Following the prefix לְ other consonants will have a schwa (e.g., לִלְמֹד), but ה, ח, ע will take a composite schwa and the preceding vowel will be colored to "a" (לַעֲבֹד). In that same position, an א will take a composite schwa with a touch of "e", and the preceding vowel will be colored to "e": לֶאֱהֹב (see also לֶאֱכֹל below). An *álef* also has a typical behavior in third-consonant position: While other consonants will have an "e" sound in the f.sg. form in that position, an *álef* will be silent and the vowel with which it is used will be a *tsere,* קוֹרֵאת. The *álef* in third-consonant position will be silent in the m.sg. and the infinitive as well, קוֹרֵא, לִקְרֹא.

Compare:

קוֹרֵא	כותב
קוֹרֵאת	כּוֹתֶבֶת
קוֹרְאִים	כותבים
קוֹרְאוֹת	כותבות
לִקְרֹא	לִכְתֹּב

✍ **Exercise 5: Complete the sentences with a name or a verb**

1. דוויד_____ .

2. _____קוראת.

3. _____אוהבות לדבר עברית.

4. _____ יושב בשיעור.

5. שירה_____ .

6. _____כותבים סֵפֶר(book).

➥ **Vocabulary note:**

The verb קורא is also used in the sense of naming or calling. This usage will be discussed in unit 10.

		נ
	I	אֲנִי
	you (m.sg.)	אַתָּה
	you (f.sg.)	אַתְּ
	he, it (m.)	הוּא
	she, it (f.)	הִיא
	we	אֲנַחְנוּ
	you (m.pl.)	אַתֶּם
	you (f.pl.)	אַתֶּן
	they (m)	הֵם
bet 2	they (f)	הֵן

✍ **Exercise 6: Produce the following sentences in Hebrew. For additional practice, replace "I" with other subject pronouns**

1. I like to study.
2. I like to read.
3. I don't like to sit in (the) class.
4. I don't like to speak in (the) class.
5. I like to sit and (to) study.
6. I like to teach Hebrew.

-שלום! אני עודד. מי אתה?
-אני מיכאל.
-ומי את?
-אני מירב. נעים מאוד!

-שאול יושב בשיעור?
-לא, הוא לא יושב בשיעור. הוא בספרייה.
-ודינה?
-גם* היא בספרייה. היא יושבת ולומדת. (*too, also)

-אנחנו דינה ודן. מי אתם?
-אנחנו עודד ויגאל.
-נעים מאוד!

b6

-מי אתן?
-אנחנו מיכל ונעמי. ואתן?
-אנחנו דינה ורות.
-נעים מאוד!

-מה אתם לומדים?
-אנחנו לומדים מתימטיקה.
-ומה לומדים עודד ודינה?
-הם לומדים הסטוריה.

b7

☺😐 **Oral practice:**

Work in small groups. Ask each other questions, referring to your classmates by personal pronouns and paying special attention to verbs. Ask each other questions parallel to those in the paragraphs above.

✍ **Exercise 7: Fill in the blanks with the appropriate personal pronouns**

1.-מי אתם?
- דוויד ועודד. ו__________?
-אנחנו יעל ומירב.

2. ‏-אני בספרייה.

‏-מה _____ עוֹשֶׂה בספרייה? (what are you doing)

‏אני לומד.

3. ‏-רחל בשיעור?

‏-לא, _____ לא בשיעור. _____ במִסְעָדָה. (restaurant)

‏-ואת, רונית?

‏- _____ בספרייה.

4. ‏דוויד ושרה מלמדים באוניברסיטה. _____ מורים.

5. ‏הסטודנטיות באוניברסיטה. _____ לומדות.

6. ‏יצחק יושב בשיעור. _____ סטודנט.

7. ‏שמי דוויד. _____ דוויד.

8. ‏שמה דינה. _____ דינה.

9. ‏אני ומשה בספרייה. _____ בספרייה.

Exercise 8: Fit in the word "who" and all personal pronouns (some may be repeated)

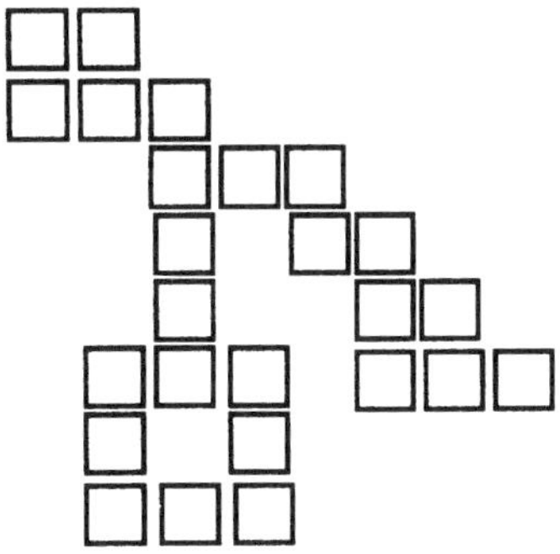

English	Hebrew
office	מִשְׂרָד ₪
job, work (noun)	עֲבוֹדָה ₪
restaurant	מִסְעָדָה ₪
cafeteria	קָפֶּטֶרְיָה ₪
with	עִם ₪
also, too	גַּם ₪
only	רַק ₪
eat	אוֹכֵל (לֶאֱכֹל, לאכול) ₪
class, classroom	כִּתָּה (כיתה) ₪
work (verb)	עוֹבֵד (לַעֲבֹד, לעבוד) ₪
or	אוֹ ₪

bet 3

‏ﭏ‏ אנחנו בעבודה בבוקר:

‏אני עובד במשרד. ואני עובדת במסעדה.

‏אני עובד בקפטריה. ואני עובדת באוניברסיטה.

‏אתם לומדים ואנחנו עובדים בבוקר.

∞ אברהם יושב עם רחל במסעדה. גם יצחק יושב במסעדה. הם אוכלים.
שרה ומירב אוכלות בקפטריה. רחל אוכלת במסעדה.

∞ יצחק: דוויד, אתה לומד עברית?
דוויד: לא, אני לא לומד עברית, אני לומד אנגלית. ומה אתה לומד, יצחק?
יצחק: אני לומד סינית.

b8

∞ מירב: יגאל, אתה עובד או לומד?
יגאל: אני גם עובד וגם לומד.   ואת?
מירב: אני רק לומדת.

∞ שרה: נעמי, את עובדת בספרייה?
נעמי: לא, אני לא עובדת בספרייה, אני עובדת בְּמשרד בָּאוניברסיטה. ואת, שרה?
שרה: אני עובדת בְּקפטריה בָּאוניברסיטה.

∞ שרה: דוויד לומד עברית?
מיכל: לא, דוויד לא לומד עברית. הוא לומד אנגלית.
שרה: ויצחק? מה יצחק לומד?
מיכל: הוא לומד סינית.

b9

∞ יצחק: שרה עובדת בספרייה?
אסף: לא, שרה לא עובדת בספרייה. היא עובדת בקפטריה באוניברסיטה.
יצחק: ונעמי?
אסף: היא עובדת במשרד באוניברסיטה.

∞ יגאל ועודד מדברים עם מירב ועם יעל:
יגאל ועודד: שלום מירב ויעל! אתן לומדות בספרייה?
מירב ויעל: כן, אנחנו לומדות בספרייה. ואתם?
יגאל ועודד: אנחנו לא לומדים בספרייה-- אנחנו לומדים בכיתה.

∞ יעל: מיכל ונעמי קוראות בספרייה?
מירב: לא, הן לא קוראות בספרייה. הן בקפטריה.

יעל: ודוויד?

מירב: דוויד בקפטריה עם מיכל ונעמי. הם יושבים ואוכלים.

b10

⊘ מי יושב בספרייה?

דוויד יושב בספרייה. הוא לומד.

שירה יושבת בספרייה. היא לומדת.

דינה ורונית יושבות בספרייה. הן לומדות.

מיכאל וחנה יושבים בספרייה. הם לומדים.

גם נוגה ונעמי יושבות בספרייה.

b11

⊘ ומי אוכל במסעדה?

מיכאל, קרן, אסף, דוויד ואביב. הם אוכלים במסעדה. רק רותם לא
בספרייה ולא במסעדה. הוא לא לומד ולא אוכל-- הוא עובד בַּמשרד.

↪ **Vocabulary notes:**

גם and רק usually appear immediately before the element to which they
refer: **גם נוגה ונעמי** יושבות בספרייה.

While שיעור is used for "class, lesson," כיתה is used for "classroom," that is,
the physical space. שיעור is never used in the singular form for
"homework." The singular is only used for "lesson."

☺☺ **Oral practice:**
*Work in pairs. Ask each other yes/no questions about the paragraphs
above, and discuss them in simple sentences. Discuss your own work
and studies.*

§ 2.5 Gender: Masculine as the common designation

Hebrew assigns the masculine gender to any group which includes one item of the
masculine gender, even if the group is largely comprised of items of the feminine
gender.

דוויד בקפטריה עם מיכל ונעמי. <u>הם</u> יושבים ואוכלים.

In a similar manner, the question word מי "who", if followed by a verb, is always followed by the masculine singular form of that verb:

מי יושב בספרייה?

דוויד יושב בספרייה.

שירה יושבת בספרייה.

דינה ורונית יושבות בספרייה.

מיכאל וחנה יושבים בספרייה.

The masculine singular of the verb is regarded in Hebrew as the "basic form." In dictionaries, for example, a verb appears in the third person masculine singular (הוא) past tense, and an animate noun appears in the masculine singular form.

§ 2.6 Pronouns referring to inanimate nouns

Hebrew does not have special pronouns for inanimate nouns, parallel to "it" in English. Neither does Hebrew have a "neuter" gender. Since all nouns are either masculine or feminine, the regular pronouns הוא, היא, הם, הן are used for inanimate nouns as well as animate nouns.

הַספרייה באוניברסיטה-- היא (הַספרייה) באוניברסיטה.

גם הַמשרד באוניברסיטה-- גם הוא (הַמשרד) באוניברסיטה.

הַספרייה והַמשרד באוניברסיטה-- הם (הספרייה והמשרד) באוניברסיטה.

A few nouns in Hebrew can be both masculine and feminine. This rare designation will be noted when encountered.

☺☹ **Oral practice:**

Work in a group. Ask questions using מי *and* מה *and various yes/no questions, referring to inanimate nouns.*

§ 2.7 Repetition of prepositions

Hebrew commonly repeats a preposition with every object in a multi-object prepositional phrase. While English avoids sentences like "I am sitting with Dan and with Dina" and prefers "I am sitting with Dan and Dina," Hebrew prefers the repeated preposition:

אני יושב עם דן ועם דינה.

יגאל ועודד מדברים עם מירב ועם יעל.

Sentences in which the preposition is not repeated are correct too:

אני יושב עם דן ודינה.

יגאל ועודד מדברים עם מירב ויעל.

The same applies to **גם** "also, too":

אני גם עובד וגם לומד.

אני עובד וגם לומד.

The second sentence may be interpreted as being less emphatic, even though both sentences carry the same meaning.

✍ Exercise 9: Fill in the blanks with a pronoun parallel to the item/s in parenthesis

הוא (דוויד) יושב בספרייה.

__________(דינה ושרה) סטודנטיות.

__________(אני ומשה) עובדים באוניברסיטה.

__________(המסעדה) בתל אביב. (מסעדה feminine)

__________(הוא והיא) בשיעור.

__________(הסטודנט והסטודנטית) לומדים עברית.

__________(השיעור) לא טוב. (שיעור masculine)

₪

₪ **רוֹצֶה (לִרְצוֹת)**	want (verb)
₪ **עוֹשֶׂה (לַעֲשׂוֹת)**	do, make
₪ **פֹּה, כָּאן**	here
₪ **שָׁם**	there
₪ **אֲבָל**	but, however
₪ **שִׁעוּרִים (שיעורים)**	lessons, classes, homework
₪ **עַכְשָׁיו**	now
₪ **יָכוֹל**	can, be able, may
₪ **צָרִיךְ**	need (verb), should, have to

bet 4

שם

פה

חנה ורות: מה אתם עושים?

תמר ויובל: אנחנו לומדים עכשיו. ואתן?

חנה ורות: גם אנחנו לומדות. אנחנו עושות שיעורים בעברית!

משה: מה אתה עושה פה, דוויד?

b12

דוויד: אני לומד. ואתה?

משה: אני עושה שיעורים בעברית.

doing things I, II

רוֹצֶה	עוֹשֶׂה
רוֹצָה	עוֹשָׂה
רוֹצִים	עוֹשִׂים
רוֹצוֹת	עוֹשׂוֹת
לִרְצוֹת	לַעֲשׂוֹת

Note the vowel change from לִרְצוֹת to לַעֲשׂוֹת—parallel to the one discussed for לַעֲבֹד above.

לאה רוֹצָה ללמוד בספרייה. גם יעקב רוֹצֶה ללמוד שם. הם יושבים בספרייה ולומדים.
מיכאל וחנה לא בספרייה עכשיו. הם בקפטריה, אוכלים.
מה דוויד עוֹשֶׂה? הוא יושב בכיתה ולומד.
ומה עוֹשָׂה מירב? היא יושבת בספרייה ועושה שיעורים.

b12

מיכל ומשה עובדים באוניברסיטה. גם יעל עובדת באוניברסיטה. הם מורים. הם אוהֲבים לְלַמֵּד ואוהֲבים לַעֲבוד!
שרה ומשה אוכלים בקפטריה. הם לא אוהֲבים לֶאֱכול במסעדה באוניברסיטה. הם אוהֲבים לשבת בקפטריה ולֶאֱכול.

שירה ומיכאל: אביב פה?
דוויד: לא, אביב לא פה -- הוא בקפטריה. אבל יעל פה. אתם רוצים לדבר עם יעל?
שירה ומיכאל: לא, אנחנו לא רוצים לדבר עם יעל עכשיו. אנחנו רוצים לדבר רק עם אביב. להתראות!

b13

Exercise 10: Write down the infinitive form of the following verbs

לומד-- ללמוד	יושב--________	אוכל--________
מדבר--________	רוצה--________	קורא--________
עובד--________	אוהב--________	מלמד--________

§ 2.8 The modal verbs יָכוֹל *can* and צָרִיךְ *need*

The verbs יָכוֹל *can* and צָרִיךְ *need* take special forms in the present tense. Neither has an infinitive form, but צָרִיךְ has a parallel conjugation in a different verb pattern, Hitpa'el, and that is where its infinitive, לְהִצְטָרֵךְ, is taken if needed.

צָרִיךְ
צְרִיכָה
צְרִיכִים
צְרִיכוֹת
(no infinitive)

ב טלפון ∽

משה: שלום, אני צריך לדבר עם דורית. היא שם?

יצחק: לא, דורית לא פה, אבל שרה פה.   אתה רוצה

לדבר עם שרה?

משה: לא, תודה.

∽ דורית: שירה, מה את עושה עכשיו?

שירה: אני אוכלת עכשיו, אבל אני צריכה ללמוד בספרייה. ואת,

דורית?

b14

דורית: אני לומדת, אבל אני צריכה לעבוד.

יָכוֹל
יְכוֹלָה
יְכוֹלִים
יְכוֹלוֹת

(no infinitive)

עודד: שלום, אני יכול לדבר עם מירב?

יעל: לא, אתה לא יכול לדבר עם מירב עכשיו-- היא עובדת.

אבל אתם יכולים לדבר בבוקר באוניברסיטה.

b15

עודד: תודה ולהתראות!

☺☺ **Oral practice:**

Work with a partner. Ask yes/no questions using צריך *and* יכול , רוצה, אוהב
and answer them. Also, discuss the paragraphs above in simple sentences.

✍ **Exercise 11: Fill in the blank with an appropriate verb form**

1. אני רוצה _____ במסעדה.

2. מה אתם _____ לעשות?

3. אתה _____ לעבוד היום?

4. את יכולה _____ בבוקר?

5. דינה _____ לקרוא בספרייה?

✍ **Exercise 12: Make-up answers to the following questions**

1. ?מה יעל צריכה לעשות בשיעור _____.

2. ?מי אוהב לעבוד _____.

3. ?מה את רוצה עכשיו _____.

4. ?מה את יכולה לעשות באוניברסיטה _____
_____

5. ?מה אתה צריך לעשות עכשיו _____
_____

§ 2.9 Information questions: Sentence structure

So far you have learned that a question is formed by the addition of a question mark to the sentence in the affirmative ("yes/no" questions). You also have encountered two information question words, which may open a simple interrogative sentence: מה, which has many meanings in Hebrew but in the modern language is mostly used as "what"; and מי "who":

(.מי קורא? (דוויד

(.דוויד קורא? (כן, הוא קורא

מה דוויד קורא? (הוא קורא The Jerusalem Post)

(!מה נשמע? (טוב, תודה

(.מה מיכאל לומד? (מיכאל לומד עברית

(.מי אתה? (אני עודד

In formal or written Hebrew a common practice is to reverse the order of subject and verb if a question word like מה opens the sentence:

?מה עוֹשָׂה מירב

The same question in spoken Hebrew is most likely to be constructed as

?מה מירב עוֹשָׂה

In both instances the answer will maintain the normal subject + verb + object structure:

.מירב עוֹשָׂה שיעורים

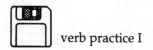 verb practice I

מה היא עושה? ומה הם עושים?

✍ **Exercise 13: Complete the chart following the** לומד **example**

ללמוד	לומדות	לומדים	לומדת	לומד
				כותב
			קוראת	
		רוצים		
	עושות			
ללמד				
לשבת				
--------				יכול
--------		צריכים		

✍ **Exercise 14: Produce the following dialogues in Hebrew. For additional practice, vary their elements**

a. Who is here now?

b. Only David is here now.

a. What is he doing here?

b. He is studying.

a. But what does he want to do?

b. He wants to eat. What do you (f.sg.) want to do?

a. I too want to eat.

a. I speak Hebrew. Can you (m.sg.) speak Hebrew?

b. No, I cannot speak Hebrew, but I can speak English.

a. Can you (m.pl.) work now?

b. Yes, we can work now. What do you (f.sg.) need to do?

a. I too need to work now.

Unit gímel

יחידה ג

masculine, male	זָכָר
feminine, female	נְקֵבָה
singular (m), singular (f)	יָחִיד, יְחִידָה
gímel 1 plural (m), plural (f), many	רַבִּים, רַבּוֹת

וַיִּבְרָא אֱלֹהִים אֶת־הָאָדָם בְּצַלְמוֹ בְּצֶלֶם אֱלֹהִים בָּרָא אֹתוֹ
זָכָר וּנְקֵבָה בָּרָא אֹתָם׃

בראשית א׳ כז

"God created mankind in His image, in the image of God he created it, a male and a female he created them."

Genesis 1:27

> **Formatting note:**
> You know now that Hebrew makes gender and number distinctions for both verbs and nouns. From now on, the gender of every newly introduced noun will be marked as (ז.) from זכר for masculine and (נ.) from נקבה for feminine. The plural will be marked as (ר.) from רבים/רבות.

of, belonging to	שֶׁל
friend/boyfriend, member	חָבֵר (ז.)
kibbutz	קִבּוּץ (ז., קיבוץ)
moshav (agricultural settlement)	מוֹשָׁב (ז.)
evening	עֶרֶב (ז.)
this (m), this (f), these	זֶה, זֹאת, אֵלֶּה
live (reside)	גָּר (לָגוּר)

נָא לְהַכִּיר	please meet
מִתְנַדֵּב (ז.)	volunteer
אוֹרֵחַ (ז.)	guest
מָלוֹן (ז.)	hotel
מְעוֹנוֹת (ז.)	dorms
חַיָּל (ז., חייל)	soldier
תַּיָּר (ז., תייר)	tourist
מִ-, מֵ-	from (prefix)

gímel 2

משה גָּר במעונות.
דינה גָּרָה במעונות.
משה ודינה גָּרִים במעונות.
רחל ואסתר גָּרוֹת במעונות.
הם צריכים לָגור במעונות--הם סטודנטים! אבל הם לא אוהבים לגור במעונות. הם גם לא אוהבים לאכול בקפטריה.

g1

נא להכיר:

שמי אָמיר. אני חבר בקיבוץ יָגוּר. אני עובד בקיבוץ, אבל אני גם סטודנט באוניברסיטה של חֵיפָה.

שמי רונית. אני חברה בקיבוץ דָּלִיָּה. גם אני סטודנטית באוניברסיטה של חיפה. בבוקר אני עובדת בקיבוץ, ובערב אני לומדת באוניברסיטה.

אלה רונית ודינה. הן חברות של אמיר. הן סטודנטיות--רונית גרה בתל-אביב ודינה גרה במעונות באוניברסיטה. הן לומדות מתימָטיקה באוניברסיטה ברָמַת-אָבִיב.

g2

אלה סֶוֶן ובְּרִיגִיטָה. סוון גר בקיבוץ לַהַב, ובריגיטה גרה בקיבוץ דְּבִיר. הם לא חברים בקיבוץ-- הם מתנדבים.

- פָּאולו מתנדב בקיבוץ גָּעַש-- הוא מִבְּרָזִיל. גם רִיטָה מתנדבת מברזיל. היא בקיבוץ מְפַלְסִים.

- זה ירדן. ירדן גר בבְאֵר-שֶׁבַע. הוא חַיָּל. וזאת דורית, חֲבֵרָה של ירדן. גם היא גרה בבאר שבע, וגם היא חַיֶּלֶת.

- זאת מֶרִילִין. היא תַּיֶּרֶת מֵאמריקה. זה רוֹבֶּרט-- גם הוא תַּיָּר, אבל לא מֵאמריקה. הוא מִקָּנָדָה. הם עכשיו במלון שֶׁרָתוֹן בתל-אביב.

 g3

- אלה מיכאל ודורית. הם אורחים במושב אֶלְיָקִים. מיכאל אורֵחַ של דינה, ודורית אורַחַת של חנה.

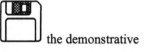 the demonstrative

חייל וחיילת

תיירים

§ 3.1 The preposition -מ *from*

The preposition -מ has two variants: -מִ and -מֵ . The vowel difference will be explained in unit 5, but at this point note that the preposition is usually pronounced -מִ but when prefixed to א, ה, ח, ע, ר it is pronounced -מֵ (compare מֵאמריקה and מִקנדה).

➵ **Vocabulary notes:**

The words חבר and חברה may mean, among other things, "boyfriend" and "girlfriend." They are also the Hebrew counterparts of "comrade."

נא means "pray" or "please." להכיר is an infinitive of a verb which means "to get to know, recognize" and is used for knowing people and places but **not** for knowing something (as in mastering facts or comprehending).

נא להכיר is a more formal expression of introduction. In most cases the speaker will make a direct address using an imperative (command) form without נא:

שרה, תַּכִּירִי-- זה דויד.

דויד, תַּכִּיר-- זאת שרה.

דויד ושרה, תַּכִּירוּ-- זה מיכאל.

נא להכיר: זאת דורית, החברה של עודד.

אני רוצה להכיר מקומות רבים בישראל!

A *kibbutz* is a unique form of communal settlement in which members do not own the land or much private property— they live together and maintain a cooperative community. Originally *kibbutzim* supported themselves mainly on agriculture, but nowadays industry and various forms of tourism are very common as ways of generating income. The word comes from the consonant combination קבצ (see "root" in chapter 4) which means "to gather, to draw together."

A *moshav* is an agricultural settlement in which families own or lease their land. Some degree of cooperation may exist, for example, in owning heavy machinery or supplying animal feed. The word comes from ישב, a consonant combination used for both "sit" and "settle."

The word יחידה is frequently used in the sense of "unit," as in יחידה ג, יחידה ד.

☺☹ **Oral practice:**

Work in a group. Introduce your group members to one another using להכיר*, and telling where people live.*

✍ **Exercise 1: Complete with combinations of אהב + למד**

1. יובל _______ _________. הוא מוֹרֶה באוניברסיטה.
2. נעמי _______ _________. היא מוֹרָה. גם שרה מוֹרָה.
3. יובל ונעמי מורים. הם _______ _________.
4. נעמי ושרה מורות. הן _______ _________.

Complete with אהב + עבד

5. אֶמיל מִתְנַדֵּב בקיבוץ אפיקים. הוא _______ _________ שם.
6. טְרוּדִי מִתְנַדֶּבֶת בקיבוץ אפיקים. היא _______ _________ שם.
7. אמיל וטרודי מתנדבים בקיבוץ אפיקים. הם _______ _________ שם.
8. סִינְדִי וּמַרְסִי מתנדבות בקיבוץ אפיקים. הן _______ _________ שם.

§ 3.2 Markers of gender and number

Observe that masculine plural nouns and verb forms end with ים-, while feminine plural nouns and verb forms end with ות-. This is true for the majority of Hebrew nouns and for all verb forms in the present tense.

In the singular, Hebrew marks the feminine form: Feminine singular nouns most often end with ָה or ֶת , and the same is true for feminine singular verb forms in the present tense. Masculine singular nouns and verb forms are not marked. The most common masculine-feminine variation of nouns parallels the one which occurs in יחיד/יחידה— the feminine noun is formed by the addition of a final syllable ָה to the masculine noun.

עוֹשֶׂה	גָּר	מוֹרֶה	חָבֵר
עוֹשָׂה	גָּרָה	מוֹרָה	חֲבֵרָה
עוֹשִׂים	גָּרִים	מוֹרִים	חֲבֵרִים
עוֹשׂוֹת	גָּרוֹת	מוֹרוֹת	חֲבֵרוֹת

Another feminine marker may be observed in nouns in which the feminine singular is formed with a final syllable ֶת- added to the masculine noun. It is also the most common f.sg. ending in the present tense verb forms:

חַיָּל	תַּיָּר	מְדַבֵּר	לוֹמֵד
חַיֶּלֶת	תַּיֶּרֶת	מְדַבֶּרֶת	לוֹמֶדֶת
חַיָּלִים	תַּיָּרִים	מְדַבְּרִים	לוֹמְדִים
חַיָּלוֹת	תַּיָּרוֹת	מְדַבְּרוֹת	לוֹמְדוֹת

plural practice I

Here are some additional examples of animate nouns:

יֶלֶד יַלְדָּה יְלָדִים יְלָדוֹת — child
בָּחוּר בַּחוּרָה בַּחוּרִים בַּחוּרוֹת — young person
חָתוּל חֲתוּלָה חֲתוּלִים חֲתוּלוֹת — cat
כֶּלֶב כַּלְבָּה כְּלָבִים כְּלָבוֹת — dog

And some inanimate nouns:

זכר יחיד ורבים:

עִתּוֹן (ר. עִתּוֹנִים) (עיתון, עיתונים) — newspaper
מִכְתָּב (ר. מִכְתָּבִים) — letter (mail)
שִׁיר (ר. שִׁירִים) — song, poem

נקבה יחידה ורבות:

עֲבוֹדָה (ר. עֲבוֹדוֹת)
מִסְעָדָה (ר. מִסְעָדוֹת)
דִּירָה (ר. דִּירוֹת) — apartment
שָׂפָה (ר. שָׂפוֹת) — language (also: lip)
מַחְבֶּרֶת (ר. מַחְבָּרוֹת) — notebook

gímel 3

Note additional feminine endings, ־ית and ־ות :

סְטוּדֶנְטִית (ר. סְטוּדֶנְטִיּוֹת)

־ִית is a fairly common feminine ending; most feminine nouns ending with ־ִית will end with ־ִיּוֹת in the plural.

חֲנוּת (ר. חֲנֻיוֹת, חנויות) shop, store

־וּת is another common feminine ending; all feminine nouns ending with ־וּת will end with ־ֻיּוֹת in the plural.

CAUTION!

Not all nouns follow the patterns which were introduced above. Quite often, for example, masculine nouns will have the ־וֹת ending in the plural. Some nouns with unusual plurals are listed below:

זכר יחיד ורבים:

אִישׁ (ר. אֲנָשִׁים) man, person, people

בַּיִת (בייית, ר. בָּתִּים) house

רְחוֹב (ר. רְחוֹבוֹת) street

לַיְלָה (ר. לֵילוֹת) night

plural practice II

מָלוֹן (ר. מְלוֹנוֹת) hotel

מָקוֹם (ר. מְקוֹמוֹת) place

נקבה יחידה ורבות:

אוּנִיבֶרְסִיטָה (ר. אוּנִיבֶרְסִיטָאוֹת)

אִשָּׁה (אישה, ר. נָשִׁים) woman

gímel 4

עִיר (ר. עָרִים) city, town

§ 3.3 Stress shift and vowel change

A number of vowel changes occur in nouns, and are directly related to syllable structure and stress shift. Some vowel changes will be discussed in later units. One such typical vowel change can be demonstrated in the pair יָחִיד/יְחִידָה: With the stress shift the *kamatz* in the first syllable is reduced to a schwa. A similar

change occurs in the pairs מָקוֹם/מְקוֹמוֹת and מָלוֹן/מְלוֹנוֹת. This change can be also observed in the forms of יכול and צריך introduced in unit 2.

Stress shift and vowel reduction can be frequently observed in the verb system: לוֹמֵד, לוֹמֶדֶת but לוֹמְדִים, לוֹמְדוֹת — in the plural the stress shifted to the suffix and the vowel pronounced with the מ was reduced to a schwa. Similarly:

מְלַמֵּד מְלַמֶּדֶת מְלַמְּדִים מְלַמְּדוֹת

Apply your knowledge:

What would be the singular form of מְעוֹנוֹת, which is a masculine noun? (This word in the singular is used in the sense of home, abode.)

✍ **Exercise 2: Re-write in the plural**

	הוא סטודנט
	היא באוניברסיטה
	אני גר במלון
	עיר בישראל
	אישה ואיש
	החנות בירושלים
	הבית ברחוב
	אתה קורא עיתון
	הילדה לומדת
	את כותבת במחברת

§ 3.4 The demonstrative pronouns

זה, זאת and אלה are the demonstrative pronouns in Hebrew. When they function as subjects, they are placed at the beginning of the sentence (or after a question word when used in a question):

זה דוויד. הוא חבר של יעל.

זאת מסעדה. רונית עובדת פה.

זאת רונית. היא סטודנטית באוניברסיטה של אוסטין.

מי אלה? אלה דינה וסְטֶפָני.   הן תיירות מאמריקה.

מה זה? זה בית ברחוב בן גוריון בעיר תל-אביב.

✍ **Exercise 3: Complete with the appropriate demonstratives**

מי _____? _____ (עודד)

מי _____? _____ (משה ומיכאל)

מי _____? _____ (מירב)

מי _____? _____ (שרה ורחל)

מה _____? _____ (משרד)

מה _____? _____ (מעונות של סטודנטים)

מי _____? _____ (רוברט)

מי _____? _____ (מתנדבות בקיבוץ)

מי _____? _____ (חברה של עודד)

✍ **Exercise 4: Complete the chart**

רבות	רבים	יחידה	יחיד
	--------	עיר	--------
נשים			
	חתולים		
--------	לילות	--------	
	--------	חנות	--------
ילדות			
--------		--------	עיתון
			זה

מקומות בישראל

ערים:

יְרוּשָׁלַיִם

תֵּל-אָבִיב

חֵיפָה

בְּאֵר-שֶׁבַע

אֵילַת

טְבֶרְיָה

נָצְרַת

קיבוצים:

גּוֹנֵן

אֲפִיקִים

יָגוּר

הַזּוֹרֵעַ

גַּעַשׁ

רָמַת-רָחֵל

לַהַב

נֶגְבָּה

יַד-מָרְדְּכַי

מושבים:

אֲבִיבִים

אֶלְיָקִים

כְּפַר-יְהוֹשֻׁעַ

עֵין-דּוֹר

נִיר-צְבִי

קִדְרוֹן

גַּן-הַדָּרוֹם

כּוֹכָב

שְׂדֵה-דָּוִד

אינצ׳ = 40 קילומטר

(approximate locations)

אנשים בישראל:

אנשים בָּאוּ* לישראל ממקומות רבים: *came

באביבים גרים אנשים מִמָּרוֹקוֹ.

באליקים גרים אנשים מִתֵּימָן.

בעין-דור גרים אנשים מֵהוּנגַריָה, מִגֶרמַניָה וּמֵארגֶנטִינָה.

בניר-צבי גרים אנשים מארגנטינה.

בקדרון גרים אנשים מִיוּגוֹסלַביָה.

בגן-הדרום גרים אנשים מֵעִירָאק וּמִפּוֹלִין.

בכוכב מיכאל גרים אנשים מארגנטינה.

בשדה-דוויד גרים אנשים ממרוקו.

בערים תל-אביב, ירושלים, חיפה, ובאר שבע גרים אנשים מארצות רבות.

✍ **Exercise 5: Sort out the following nouns into four categories**

יחיד, יחידה, רבים, רבות

(Note that some of them have unusual plural endings!)

מכתבים, מסעדה, אנשים, רחובות, ביית, חתולות, מורים, חברה, ספריות, זה, אלה, הוא, משרדים, שיעורים, קורס, סמסטרים, כיתות, ערים, דירה, קיבוצים, אורחת, תייר, מלונות, ילדות, עבודה, קפטריה, שפות, מרצות, מושב, חיילת, בחור, כלבה, עיתונים, מחברות, מתנדבים, היא, אתם

יחיד:

____

____

____

____

____

יחידה:

_____
_____
_____
_____
_____

רבים:

_____
_____
_____
_____
_____

רבות:

_____
_____
_____
_____
_____
_____

✍ **Exercise 6:** These nouns will be introduced in later units. Provide their plurals, assuming that they are all regularly formed

	גנן
	בניין
	סיפור
	שעון
	סמסטר
	ארוחה
	שאלה
	כרטיס
	כתובת
	משפחה
	חצאית
	צ'יק
	טלוויזיה

Exercise 7: Complete the chart

רבות	רבים	יחידה	יחיד
			ילד לומד
		חתולה יושבת	
נשים מדברות			
	הם מתנדבים		
		היא גרה במלון	
			הוא אוֹרֵח שלי
	חיילים מבאר-שבע		
הן עובדות במלון			
		זאת תיירת מקנדה	

רדיו (ז)

טלוויזיה (נ)

Unit dálet

יחידה ד

time, era, tense	(ז.)	ש זְמָן
past tense [also: pass, move (verb)]	(ז.)	ש עָבָר
present tense	(ז.)	ש הוֹוֶה
future tense	(ז.)	ש עָתִיד
building, verb pattern	(ז., בניין)	ש בִּנְיָן
verb	(ז., פועל)	ש פֹּעַל
root	(ז., שורש)	ש שֹׁרֶשׁ

dálet 1

§ 4.1 The root

In Hebrew, Arabic, and other Semitic languages, the basic meaning of a word is carried by a group of consonants, usually three, combined in a certain order. This consonant combination is called a root, שֹׁרֶשׁ. While the root carries a basic meaning, prefixes, suffixes, and vowels superimposed on the root assign a more specific meaning to the word. Take as an illustration the root ל.מ.ד, which carries the basic meaning "learn." From this root come the following words:

he studied	לָמַד
he taught	לִמֵּד (לימד)
it was studied	נִלְמַד
a student	תַּלְמִיד
studying	לִמּוּד (לימוד)

Many other words from this root exist in the language. The root consonants appear in the same order in all words: *lámed* comes first, followed by *mem* and by *dálet*. All the words have something to do with learning, and the more specific meanings are assigned to each word by its vowels and affixes.

In the written convention for indicating roots, root consonants are separated by periods and final letters are not used, because it is not considered an actual word:

י.ש.ב   ע.צ.ר   ש.ל.מ   ת.ר.צ

In the verb system, the vowels/affixes and root consonants interact in certain patterns which are referred to as "verb patterns"—בִּנְיָנִים. In the two verbs לוֹמֵד and כּוֹתֵב, for example, the values and positions of the vowels are identical. So is the stress placement:

כּוֹתֵב	לוֹמֵד
כּוֹתֶבֶת	לוֹמֶדֶת
כּוֹתְבִים	לוֹמְדִים
כּוֹתְבוֹת	לוֹמְדוֹת

לִכְתֹּב (לכתוב)   לִלְמֹד (ללמוד)

Such an interaction can be represented schematically in the following way (with 1, 2, and 3 representing the root consonants in order):

1וֹ2ֵ3

1וֹ2ֶ3ֶת

1וֹ2ְ3ִים

1וֹ2ְ3וֹת

לִ1ְ2ֹּ3

This particular vowel-consonant interplay is typical of the present tense and infinitive of a verb pattern called פָּעַל or קַל. This pattern represents the simple meaning of the root. Other verb patterns represent other meanings: The נִפְעַל pattern, for example, often functions as a passive pattern parallel to the פָּעַל. If כּוֹתֵב means "write" (m.sg.), נִכְתָּב, a present tense form in the נִפְעַל pattern, means "is being written" (m.sg.). הִתְפַּעֵל is a pattern which often denotes reciprocal action. Thus מִתְכַּתְּבִים, a present tense plural form in that pattern, means "writing to one another, corresponding." In other words, the root supplies the basic meaning of a particular verb, the pattern supplies the general sense in which this verb is used, and the vowels/affixes provide the exact meaning which the speaker desires. Altogether, Hebrew has seven verb patterns:

פָּעַל, קַל

נִפְעַל

פִּעֵל (פיעל)

פֻּעַל (פועל)

הִתְפַּעֵל

הִפְעִיל

הֻפְעַל

Pattern names are derived from the root פ.ע.ל which carries the meaning of "do, act"; the Hebrew word for "verb" is פֹּעַל, which is also derived from the same root. In reference to the three letters of the root, the פ represents the first letter, the ע represents the second and the ל represents the third. In principle every root can be used in all patterns. In practice, however, this is rarely the case. Using the root ר.ג.ש "feel" in all patterns will result in the following forms:

was turbulent	רָגַשׁ
was in an excited state	נִרְגַּשׁ
excited (transitive)	רִגֵּשׁ
was excited	רֻגַּשׁ
got excited, nervous	הִתְרַגֵּשׁ
felt	הִרְגִּישׁ
was felt	הֻרְגַּשׁ

Two verb patterns were encountered in this book so far:

פעל (לומד, כותב, רוצה, גר)

פיעל (מדבר, מלמד)

The connection between the pattern names and the verb forms becomes obvious when one looks at the past tense forms of a strong ("regular") verb like למד:

פָּעַל:

לָמַדְתִּי (אני)

לָמַדְתָּ (אתה)

לָמַדְתְּ (את)

לָמַד (הוא)
לָמְדָה (היא)
לָמַדְנוּ (אנחנו)
לְמַדְתֶּם (אתם)
לְמַדְתֶּן (אתן)
לָמְדוּ (הם/הן)

פִּעֵל:
לִמַּדְתִּי (אני)
לִמַּדְתָּ (אתה)
לִמַּדְתְּ (את)
לִמֵּד (הוא)
לִמְּדָה (היא)
לִמַּדְנוּ (אנחנו)
לִמַּדְתֶּם (אתם)
לִמַּדְתֶּן (אתן)
לִמְּדוּ (הם/הן)

Because the הוא form is considered the basic form of the verb, it is the one from which the pattern name is derived. This is also the form which will represent the verb in a dictionary. This form is modified with the addition of suffixes and consequent vowel changes to create the other forms of the conjugation.

Past tense forms are characterized by typical suffixes added to the basic form. As the suffixes are particular to each person, the formal language usually refrains from using the pronoun with the verb. For example, since the suffix -תי is assigned to first-person sg. forms (אני) only, למדתי can only be "I studied." Therefore, one does not need the אני with it as in אני למדתי— such a redundancy is usually avoided. With third person, however, where there are multiple possibilities for the identity of the subject, a noun or a pronoun (הוא, היא, הם, הן) is always used to avoid ambiguity. While past tense forms are characterized by suffixes, future tense forms are characterized by prefixes typical to each form (אֶלְמַד "I will study," יִלְמַד "he will study," נִלְמַד "we will study" etc.)

✍ Exercise 1: Identify the root and the tense of the following verb forms

1. אֶכְתֹּב ______________
2. נְדַבֵּר ______________
3. את כּוֹתֶבֶת ______________
4. היא תִּלְמַד ______________
5. גַּרְנוּ ______________
6. אֲדַבֵּר ______________
7. היא עָבְדָה ______________
8. הָלַכְנוּ ______________
9. הוא מְדַבֵּר ______________
10. אתן הוֹלְכוֹת ______________
11. את אוֹמֶרֶת ______________
12. עָבַדְנוּ ______________

✍ Exercise 2: Try a number of examples of past tense forms in פָּעַל

1. הוא אכל. (אני) אכלתי, היא______________
2. הוא כתב. (אני) כתבתי, (אנחנו)______________
3. הוא ישב. (את)______________
4. הוא גמר. (אתם)______________ (finish)

And in the פִּעֵל (note that in the non-vocalized word, the "i" sound is represented by a *yod*)

5. הוא דיבר. (אני) דיברתי, היא______________
6. הוא שילם. (אני) שילמתי, (אנחנו)______________(pay)
7. הוא בישל. (את)______________(cook)
8. הוא טייל. (אתם)______________(tour)

Native speakers tend to generalize the stress patterns of the verb in the past tense. In the "you pl." forms, in which the stress shifts and the first vowel is reduced (כְּתַבְתֶּם, compare to כָּתַבְתִּי), they tend not to shift the stress and maintain the general vowel pattern, thus they are likely to say כָּתַבְתֶּם, כָּתַבְתֶּן.

אָמַר (לְהַגִּיד)	say (verb)
שָׁאַל (לִשְׁאֹל לשאול)	ask
עָנָה (לַעֲנוֹת)	reply (verb)
סִפֵּר (סיפר, לְסַפֵּר)	tell
סֵפֶר (ז., ר. סְפָרִים)	book (noun)

סִפּוּר (ז., סיפור)	story
אֶתְמוֹל	yesterday
יוֹם (ז., ר. יָמִים)	day
הַיּוֹם	today
פַּעַם (נ., ר. פְּעָמִים)	once, instance
עַל	on, about
רָאָה (לִרְאוֹת)	see

dálet 2

שירה אומרת: אתמול ישבתי בספרייה ולמדתי. גם חנה ישבה שם. ישבנו וקראנו ספרים.

מיכל שואלת: גם אברהם ישב בספרייה?

שירה עונה: לא, הוא לא ישב בספרייה. הוא עבד במשרד, אבל דיברנו בטלפון.

מיכל שואלת: את יכולה להגיד לי* מה הוא אמר? *tell me

שירה עונה: אני יכולה, אבל אני לא רוצה להגיד לך* מה הוא אמר.

d1 *tell you

אתמול קראנו מכתב ממיכאל. הוא כתב לנו* מברזיל. הוא סיפר במכתב על רִיוֹ-דֶה-זָ'אנֵירוֹ ועל הקַרְנָבָל שם. *wrote us

שרה: משה, מה שאלת?

משה: שאלתי מה את לומדת היום.

שרה: היום אני לומדת מתימטיקה והסטוריה.

משה: ומה למדת אתמול?

שרה: גם אתמול למדתי מתימטיקה, אבל לא למדתי הסטוריה.

דינה: מה למדתם בשיעור היום?

מיכאל וחנה: למדנו על ישראל. קראנו סיפור על ילדים בקיבוץ ודיברנו על קיבוצים. שירה ואביב סיפרו על ההסטוריה של קיבוץ נֶגְבָּה, ודוויד סיפר על ההסטוריה של קיבוץ יַד-מָרְדְּכַי. (pronounced *yad mordechai*)

למדנו גם על אוניברסיטאות גדולות בישראל: האוניברסיטה העברית בירושלים, אוניברסיטַת תל-אביב, אוניברסיטַת חיפה, הטֶכְנִיוֹן בחיפה, ואוניברסיטַת בֶּן-גֻּרְיוֹן בבְּאֵר-שֶׁבַע.

d2

➻ **Vocabulary notes:**

Note the special infinitive used for א.מ.ר "say": להגיד. Hebrew does have the expected infinitive לאמור (pronounced לֵאמֹר). The form is, however, historically reserved for the introduction of direct quotes, as is routinely done in the Bible:

וַיְבָרֶךְ אֹתָם אֱלֹהִים לֵאמֹר פְּרוּ וּרְבוּ וּמִלְאוּ אֶת-הַמַּיִם בַּיַּמִּים ...

" God blessed them, saying, "Be fruitful and multiply and fill the waters in the seas..." (Genesis 1:22)

...וַיֹּאמֶר אֲבִימֶלֶךְ וּפִיכֹל שַׂר צְבָאוֹ אֶל אַבְרָהָם לֵאמֹר אֱלֹהִים עִמְּךָ בְּכֹל אֲשֶׁר אַתָּה עֹשֶׂה.

"Abimelech and Pichol, the captain of his host, spoke to Abraham, saying, "God be with you in all that you do." (Genesis 21:22)

For "to say," then, Hebrew uses either להגיד, or לוֹמַר— a form common in Mishnaic Hebrew, the language spoken around the beginning of the first millennium. Both take objects of the preposition -ל *to*:

אתה יכול להגיד לדוויד מה הוא צריך לעשות?
אתה יכול לומר לדוויד מה הוא צריך לעשות?

Note the variation in סיפר, ספר, סיפור and compare to ספרייה — these four words are a good illustration of the way the root system works in Hebrew.

The three "speaking" verbs, סיפר, דיבר, אמר are used as follows: אמר *say* is used when a short utterance is described. סיפר *tell* is used when one tells a story or speaks for a long period of time. דיבר *speak* is used when an exchange of words takes place or when a response may be expected or when a speech is given.

Exercise 3: Complete the chart

הווה	עבר
	סיפרתי
הן מלמדות	
הוא אומר	
	אתם אכלתם
את יושבת	
	אני דיברתי
	הנשים למדו
	דיברנו בכיתה
מה אתה אומר?	
היא שואלת מי זה	
	קראתָ ספר

§ 4.2 Final-*heh* verbs

So far the texts have introduced mainly verbs which retain all three root consonants in the conjugation. This is not always the case, though. Verbs which behave differently like רוצה, עושׂה, and גר were encountered in earlier units. The verbs which retain all three consonants are referred to as strong verbs שְׁלֵמִים, the "whole ones." (Note the relatedness to שלום!) Others are classified into different groups (גְזָרוֹת) according to the consonants which behave differently.

In רוצה and עושׂה, for example, only two consonants appear in the conjugation— רצ and עשׂ respectively. The third consonant of the root is replaced by a vowel-indicating *heh*. The verbs represented by רוצה and עושׂה are referred to as "final *heh*" verbs or "*lámed heh*" verbs (the third root consonant, schematically referred to as *lámed*, is replaced in the basic form and in the convention of root indication by a *heh*). In the past tense, verbs from this group have a vowel-indicating *yod* after the second root consonant and before the suffix, if one exists, with the exception of third person:

רָצִיתִי	עָשִׂיתִי
רָצִיתָ	עָשִׂיתָ
רָצִית	עָשִׂית
הוא רָצָה	הוא עָשָׂה
היא רָצְתָה	היא עָשְׂתָה
רָצִינוּ	עָשִׂינוּ
רְצִיתֶם	עֲשִׂיתֶם
רְצִיתֶן	עֲשִׂיתֶן
הם/הן רָצוּ	הם/הן עָשׂוּ

Note the *tav* in the 3rd person f.sg. form היא רָצְתָה and the different final vowels in הוא הם הן.

In the פיעל pattern such verbs will behave in a similar manner, exhibiting the typical "final *heh*" endings while maintaining the initial vowel "i" typical of the פיעל in the past tense:

רִצִּיתִי, רִצִּיתָ, רִצִּית, רִצָּה (appease)

In fact, they will behave in a parallel manner in whichever verb pattern they are used, e.g., התרציתי (התפעל), נרציתי (נפעל), הרציתי (הפעיל).

פעם רציתי ללמוד עברית ושירה רצתה ללמוד סינית. אבל עכשיו אני לומד סינית ושירה לומדת עברית.

שאול: מיכאל, מה עשית אתמול?

מיכאל: ישבתי במשרד ועבדתי. ואתה, שאול?

שאול: ישבתי בבית וקראתי ספר.

d3

טליה: מה עשיתם בבוקר?

מיכאל ושאול: ישבנו בבית ולמדנו. לא רצינו ללמוד בספרייה. ואת, טליה, למדת בספרייה?

טליה: לא, גם אני לא רציתי ללמוד בספרייה-- סטודנטים עשׂו שיעורים שם ודיברו. למדתי בבית.

✍ **Exercise 4: Complete with past tense forms in this verb group**

1. (buy) הוא קנה. (אני) קניתי, היא__________________
2. (drink) הוא שתה. (אני) שתיתי, (אנחנו)__________________
3. (reply) הוא ענה. (את)__________________
4. (build) הוא בנה. (אתם)__________________
5. (err) הוא טעה. (אני)__________________
6. (see) הוא ראה. (היא)__________________
7. (win) הוא זכה. (אתן)__________________
8. (count) הוא מנה. (אני)__________________
9. (turn) הוא פנה. (היא)__________________

☺☹ **Oral practice:**

Work in a group. Ask each other, "what did you do yesterday?" and then ask a third person to repeat what you did (example: Q, *What did you do yesterday?* A, *I studied yesterday.* Q *(to a third person), What did he do yesterday?* A, *He studied yesterday).*

§ 4.3 Short verbs

In another group of verbs, represented earlier by the verb גר "dwell, reside," the middle root consonant is missing. It is replaced in the conjugation by a vowel-indicating *yod* or *vav,* which appear in the future tense and in the infinitive form but not in the present or past tense.

אני גר בתל-אביב, ודינה גרה בְּרָמַת-אביב.

הם גרו בישראל והן גרו באמריקה.

אנחנו רוצים לגור בקאליפורניה.

בעתיד אני אגור בניו יורק.

גַּרְתִּי
גַּרְתָּ
גַּרְתְּ
הוא גָּר
היא גָּרָה
גַּרְנוּ
גַּרְתֶּם
גַּרְתֶּן
הם/הן גָּרוּ

פעם גרתי עם מיכאל ברחוב דיזנגוף. גרנו בדירה של דוויד וחנה, והם גרו באוניברסיטה. עכשיו מיכאל גר בחיפה ואני גרה בבאר-שבע.

בָּא (לָבוֹא)	come	
שָׁר (לָשִׁיר)	sing	dálet 3

Like גר, בא is a verb which is missing its middle consonant. Its conjugation follows the same rules:

באתי, באתָ, באתְ, בא, באה etc.

Note that the *álef*, being in a final root position, is silent in some of the forms, as it is in קרא (unit 4). Verbs like גר are referred to as "short verbs" or as *áyin-vav* verbs (that is, verbs in which the second consonant of the root is often represented by a vowel-indicating *vav*). This *vav* will surface as וּ in the infinitive and in future tense forms (or as וֹ if the final root consonant is an *álef*)

לָגוּר, אָגוּר, תָּגוּר
לָבוֹא, אָבוֹא, תָּבוֹא

In some short verbs like "sing" שר, the middle root consonant is replaced by a vowel-indicating *yod*:

לָשִׁיר, אָשִׁיר, תָּשִׁיר

Such verbs are referred to as *áyin-yod* verbs.

Note that present and past tense הוא forms are identical in short verbs. The same is true for היא forms, with the exception of the stress— it falls on the last syllable in the present tense and on the first one in the past tense:

היא באה לעבודה עכשיו.

היא באה לעבודה אתמול.

Most native speakers use initial stress for both forms (באה).

As a matter of a written convention, in this book the *yod* or the *vav* are included in the root scheme: ש.י.ר, ב.ו.א, ק.ו.מ

✍ **Exercise 5: Complete with a form of the same short verb**

1. הוא שר. אני שרתי. היא__________ .
2. הוא בא. היא באה. אנחנו__________ .
3. הוא גר. היא __________ .
4. הוא טס. הם__________ (fly).
5. הוא שב. אתם__________ (return).
6. הוא נס. את__________ (flee).

✍ **Exercise 6: Complete with a past tense and infinitive form**

היא שרה. היא <u>אהבה</u> <u>לשיר</u>.

1. אני שרתי. אני אהבתי __________ .
2. הוא בא. הוא רצה__________ .
3. היא גרה בתל-אביב. היא __________________ .
4. הם שרו באופרה. הם__________________ .
5. הן גרו במעונות, אבל הן לא __________________ .
6. אתן באתן לתל-אביב אתמול, וגם הם__________________ .

✍ **Exercise 7: Write down the whole set of present and past-tense פעל forms of a short verb and a final-*heh* verb. Choose from the following**

ב.נ.ה	(build)
ק.נ.ה	(buy)
ת.ל.ה	(hang)

verb practice II	(fly)	ט.ו.ס
	(put)	שׂ.י.מ
	(get up)	ק.ו.מ

§ 4.4 Adverbs

well	הֵיטֵב
fast, quickly	מַהֵר
slowly	לְאַט
nicely	יָפֶה
hard	קָשֶׁה
quietly	בְּשֶׁקֶט
how?	אֵיךְ?

dálet 3

דוויד עובד קשה מאוד במסעדה.
איך דוויד עובד? הוא עובד קשה מאוד.

משה וחנה לומדים סינית. משה מדבר היטב אבל לאט. חנה מדברת מהר אבל לא כותבת יפה.

איך דינה מדברת? היא מדברת בשקט.

אתם יכולים להגיד מהר "גַּנָּן גִּדֵּל דָּגָן בַּגַּן דָּגָן גָּדוֹל גָּדַל בַּגַּן"?

פעם שרתי יפה, אבל היום אני לא יכולה לשיר יפה.

d4

The adverb in Hebrew follows the verb (or adjective) which it modifies. This is a general sentence-structure principle: Modifying elements in a sentence appear following whatever they modify (thus, for example, adjectives always follow their nouns).

The same usually applies to the adverb מאוד *very*: Since it modifies another adverb or an adjective, it will appear following that adverb or adjective as in the sentences דוויד עובד קשה מאוד, הוא סטודנט טוב מאוד Placement of מאוד before the adverb or adjective which it modifies is also permitted in Hebrew:

דוויד עובד מאוד קשה.

הוא סטודנט מאוד טוב.

The adverbial question איך *how*, like all other information question words, appears at the beginning of the sentence:

איך אתה שר? אני שר היטב!

Most native speakers use the word טוב for both adverb (well) and adjective (good):

איך אתה שר? אני שר טוב!

אתה עובד טוב מאוד!

רון סטודנט טוב.

The adverb היטב is never used with מאוד.

➵ **Vocabulary note:**

"גַּנָּן גִּדֵּל דָּגָן בַּגַּן דָּגָן גָּדוֹל גָּדַל בַּגַּן" is the most famous tongue-twister in Hebrew. It roughly means "a gardener grew wheat in the garden, tall wheat grew in the garden." Another one is שָׂרָה שָׁרָה שִׁיר שָׂמֵחַ which means "Sarah sings a happy song."

☺☺ **Oral practice:**

Work with a partner. Ask questions with "how," and make sure to use different adverbs in the answers.

✍ **Exercise 8: Fill in the blanks with forms of the verb in parenthesis. Pay attention to clues for tense**

1. אתמול (אני) (ל.מ.ד teach) ________________ עברית.
2. אנחנו (ז.) (ע.ב.ד.) עכשיו________________ באוניברסיטה.
3. פעם (את) (י.ש.ב.)________________ פה.
4. אתם לא (ר.צ.ה.) (ק.ר.א.)________________ ________________היום.
5. היא לא (ל.מ.ד study) ________________ אתמול עם חברים.

6. הם לא (כ.ת.ב.)_______________ מכתבים היום.
7. (אתה) לא (ע.ש.ה.)_______________ שיעורים אתמול.
8. (אתה) (ג.ו.ר.)_______________ כאן פעם.
9. מי (א.ה.ב.) (ק.ר.א.)_______________ _______________ בכיתה?
10. (אנחנו) לא (ר.צ.ה.) (ב.ו.א.)_______________ _______________ לאוניברסיטה אתמול.
11. הן (ל.מ.ד study) (ש.י.ר)_______________ _______________ באוֹפֶּרָה.
12. הוא (ב.ו.א)_______________לעבוד כאן אתמול.
13. רינה (ש.י.ר)_______________באופרה עכשיו.

✍ Exercise 9: Provide the infinitive form corresponding to the verb

1. אני חושבת _______________
2. הם גרים _______________
3. הן מספרות _______________
4. למדנו _______________
5. רצינו _______________
6. ראיתי _______________
7. באנו _______________
8. אתן קוראות _______________
9. דיברתן _______________
10. היא עבדה _______________
11. הוא עושֶׂה _______________
12. הם שרים _______________
13. הן לומדות _______________
14. הן גרו _______________
15. עשיתי _______________
16. היא רצתה _______________
17. הילדים מדברים _______________

Exercise 10: Complete in past or present tense

הווה	עבר
	כתבתי (נ) מכתב
הוא עובד במשרד	
אתם הולכים לעבוד	
אנחנו לא אוכלים בשיעור	
	דיברתי בספרייה
אני אוהבת ללמוד	
אתם אומרים שלום	
	לא למדתן היסטוריה
	גרתן בישראל
הן שרות יפה	
	דוויד בא לשיעור
	היא לימדה באוניברסיטה

Exercise 11: Produce the following sentences in Hebrew. For additional practice, vary names, nouns and pronouns

1. David and I want to study hard.
2. They write nicely.
3. How did Danny read English in class?
4. He read very well and quickly.
5. You sat there quietly.
6. Who wanted to write letters?
7. Dogs should not eat with cats.

8. People (men) sit and read in the library.
9. I don't live in Israel.
10. Shira likes to read books in Chinese.
11. We can't tell who came yesterday.
12. Friends of Rivka's want to live in Israel.
13. Once they lived on a Kibbutz.
14. I did not think about the past or the future. I only thought about the present.

☺☹ **Oral practice:**

Conduct a class discussion based on the question

מה עשית אתמול?

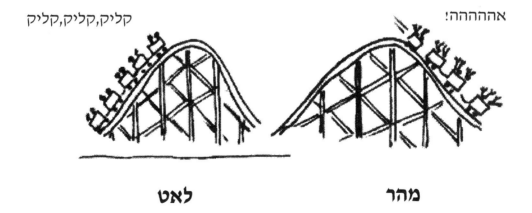

קליק,קליק,קליק
אהההה!
לאט
מהר

Unit heh

יחידה ה

בספרייה

At the Library

שָׁעָה (נ.)	hour, time
שָׁעוֹן (ז.)	clock, watch
שָׁבוּעַ (ז., ר. שָׁבוּעוֹת)	week
שָׁנָה (נ., ר. שָׁנִים)	year
חֹדֶשׁ (ז., חודש)	month
עוֹנָה (נ.)	season
סְתָיו (ז.)	fall, autumn
חֹרֶף (ז., חורף)	winter
אָבִיב (ז.)	spring
קַיִץ (ז., קייץ)	summer
סֶמֶסְטֶר (ז.)	semester

heh

השבוע אנחנו לומדים על ישראל.

השנה דוויד גר בחיפה.

הסמסטר למדנו על ברזיל.

מה השעה?

היום חנה לא באה לשיעור.

רחל, החברה של מיכאל, גרה בְּדירה. הדירה של רחל ברחוב אָלֶנְבִּי בתל-אביב.

משה גר בְּבית. הבית של משה במושב אורות.

h1

בקנדה העונה עכשיו קייץ, אבל בִּבְרָזִיל העונה עכשיו חורף.

Oral practice:

Discuss the seasons of the year.

§ 5.1 Definiteness

Definiteness in Hebrew is marked by the prefix -הַ which parallels the English "the":

ספר-- הספר   בית-- הבית

Proper nouns (names) are innately definite. They do not take the definite article prefix.

Nouns which occur in the context of possession as belonging to someone are usually definite, as they refer to particular objects (e.g., Rachel's apartment, the student's books):

הדירה של רחל

הספרים של הסטודנט

Definiteness has a number of functions in Hebrew. One of them is pointing to a current point in time:

the (current) time/hour	**השעה**
(the current week) this week	**השבוע**
(the current semester) this semester	**הסמסטר**
(the current winter) this winter	**החורף**
(the current day) today	**היום**
(the current year) this year	**השנה**

Other functions of definiteness will be discussed in later units.

הימים בשבוע:

Sunday	**יום רִאשׁוֹן**
Monday	**יום שֵׁנִי**
Tuesday	**יום שְׁלִישִׁי**
Wednesday	**יום רְבִיעִי**
Thursday	**יום חֲמִישִׁי**
Friday	**יום שִׁשִּׁי (יום שישי)**
Saturday	**שַׁבָּת**

heh 2

☺☹ **Oral practice:**

Work in a group. Discuss what you are doing on the different days of the week. Note the use of ב *with days:* ביום ראשון, בשבת

➵ **Vocabulary note:**

Two traditional greetings are שבת שלום, which is used on the eve of the Sabbath (Friday evening), and שבוע טוב which is used after the Sabbath is over.

The days of the week, with the exception of Saturday, are actually ordinal numbers (first, second, etc.). These will be further discussed in unit 10.

בשעון:

one	אַחַת
two	שְׁתַּיִם (שתיים)
three	שָׁלוֹשׁ
four	אַרְבַּע
five	חָמֵשׁ
six	שֵׁשׁ
seven	שֶׁבַע
eight	שְׁמוֹנֶה
nine	תֵּשַׁע
ten	עֶשֶׂר
eleven	אַחַת-עֶשְׂרֵה
twelve	שְׁתֵּים-עֶשְׂרֵה
half	חֲצִי, חֵצִי (ז., ר. חֲצָאִים)
half past ten	עֶשֶׂר וָחֵצִי
quarter	רֶבַע (ז., ר. רְבָעִים)
quarter to ...	רבע ל ...

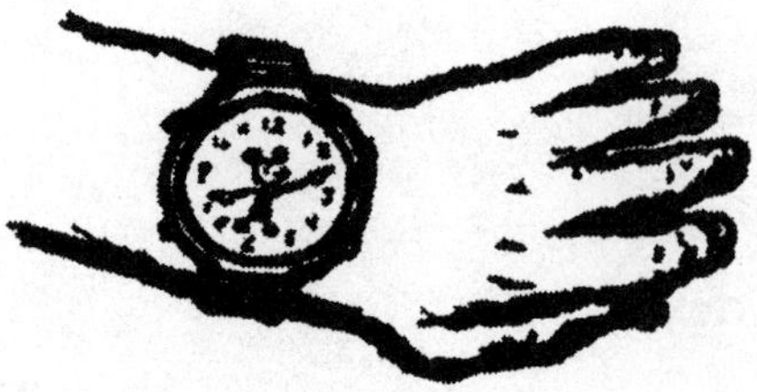

heh 3

-מה השעה?

-השעה אחת.

-השעה אחת וָחֵצִי

-השעה שלוש וָרבע

-השעה רבע לחמש

The variant חֵצִי is used only at the end of a phrase (אחת וָחֵצִי but חֲצִי שָׁעָה). Note the -וָ in וָחֵצִי, וָרֶבַע. The conjunction is pronounced -וָ in common paired-word constructions, such as טוֹב וָרָע (*good and evil*) and הָלוֹךְ וָשׁוֹב (back and forth), when the second word begins with a stressed syllable.

The indicators a.m. and p.m. are not used in Hebrew. Instead, the language employs a general period designation like "10 in the morning" or "10 at night":

עשר בבוקר

עשר בלילה

In writing, Israelis often use military-time designation. Thus 10 a.m. is 10:00, and ten p.m. is 22:00.

Speakers may or may not use the word שעה when referring to time:

אכלנו בשעה עשר (או) אכלנו בעשר

Telling time is further discussed in unit 10.

telling time I

☺☹ **Oral practice:**

Memorize the days of the week and the hours. Work with a partner. Start numbering the days or hours in a sequence, and have your partner continue from where you left off.

✍ **Exercise 1: Complete**

היום____________ . השעה ____________ . השנה ____________ . הסמסטר

סמסטר ה ____________ (עונה).

✍ **Exercise 2: What time is it?** מה השעה?

₪

₪ אֵיזֶה?	which? what (usually for an adjective)?
₪ לָמָה?	why?
₪ אֵיפֹה?	where?
₪ מָתַי?	when?
₪ לְאָן?	where to?
₪ כִּי	because
₪ בִּגְלַל	because (of)
₪ לְ-, לַ-, לָ-	to, to the

heh 4

➵ Vocabulary note:

Note the distinction between איפה and לאן . איפה indicates static location, לאן must be used when movement toward a destination is involved: איפה אתה יושב? לאן את באה? (see §5.3 below). Also note that איזה is usually used in reference to an adjective (as opposed to מה which is usually used in reference to a noun)

-איזה יום היום?
-היום יום שישי.

-למה אתה לא באוניברסיטה?
-אני לא באוניברסיטה כי היום שבת!

-איפה רחל היום?
-רחל בחיפה היום, עם החברים שֶׁלָּהּ. (of hers)

-מתי אתה בא לתל-אביב?
-אני בא לתל-אביב היום.

-למה אתה לא בא לַמִּסעדה עכשיו?
-אני לא בא לַמִּסעדה בִּגְלַל השיעור. אני צריך ללמוד!

h2

☺☹ **Oral practice:**

Work in a group. Ask each other questions using the question words introduced above.

✍ **Exercise 3: Answer the following questions using the element in parenthesis as the basis of your answer. Use personal pronouns in your answers, following the example below**

מה דני למד היום? (סינית)

<u>הוא</u> למד היום <u>סינית</u>

1. איפה רבקה ויעל לומדות? (באוניברסיטה)

____

2. מה עשיתם הבוקר? (שיעורים)

____

3. למה ישבנו בספרייה? (כי רצינו ללמוד שם)

____

4. לאן אברהם ומירב הלכו אתמול? (לשיעור אנגלית) (went)

____

5. מתי למדנו עם רחל? (ביום חמישי)

____

6. מי כתב מכתב? (המוֹרָה)

____

7. מתי החתולה אכלה? (בשעה שש)

____

✍ **Exercise 4: Form questions for which the underlined words are the answer**

<u>בקייץ</u> הן לא למדו באוניברסיטה.

מתי הן לא למדו באוניברסיטה?

1. ישבנו <u>בבית</u> הבוקר.____________________________?
2. אני הולכת (go) <u>לבית</u>.____________________________?
3. הילדות קוראות <u>עכשיו</u> ספרים.____________________________?
4. <u>החברים</u> ישבו ברחוב.____________________________?
5. למדנו היום <u>במשרד</u>.____________________________?
6. אכלתן <u>אתמול</u> בקפטריה.____________________________?
7. הן עושות שיעורים בעברית <u>כי הן סטודנטיות באוניברסיטה</u>.

   ____?
8. השעה <u>תשע</u>.____________________________?
9. אכלנו <u>באחת עשרה</u>.____________________________?

✍ **Exercise 5: Write ten information questions, using different question words. Answer your questions.**

תַּרְגִּיל (ז.)	exercise (noun), problem
עֵט (ז.)	pen
עִפָּרוֹן (ז.,עיפרון ר. עֶפְרוֹנוֹת)	pencil
עַמּוּד (ז.)	page (noun)
נְיָר (ז., נייר ר. ניירות)	paper (sheet)
בְּחִינָה (נ.), מִבְחָן (ז.)	exam, quiz, test
הָלַךְ (לָלֶכֶת)	go, walk
מֵהַ-	from the
יָדַע (לָדַעַת)	know

heh 5

דוויד: משה, מתי אתה הולך לָאוניברסיטה?

משה: אני הולך לְשָׁם בשתיים.

דוויד: איפה הבחינה היום?

משה: הבחינה בבניין גִּילְמַן.

דוויד: ומתי?

משה: בשעה שלוש.

דוויד: מתי מיכאל בא מֵהָאוניברסיטה?

משה: בחמש.

דוויד: הוא בא מִבניין גילמן או מֵהַספרייה?

משה: הוא בא מֵהַספרייה.

עודד: איפה אתה גר, דוויד?

דוויד: אני גר בִּירוּשָׁלַיִם. ואתה, עודד?

עודד: אני גר בִּרְחוֹבוֹת.

h3

יעל: מירב, לאן את הולכת?

מירב: אני הולכת לַספרייה. אני צריכה ללמוד שם. ומה את עושה עכשיו?

יעל: אני בבית, יושבת וקוראת.

מירב: גם אני רוצה ללמוד בבית!

בבחינה:

שרה: דינה, למה את כותבת עכשיו בעיפרון ולא בעט?

דינה: אני כותבת בעיפרון כי אני לא כותבת עברית טוב. אני כותבת בחינות בעיפרון, אבל במחברת אני כותבת בעט.

מורה: הסיפור בעמוד שלוש בספר. אתן יכולות לקרוא ולעשות תרגילים.

סטודנטיות: אנחנו לא יודעות איפה התרגילים!

מורה: התרגילים בעמוד שתיים.

h4

אני אוהבת לכתוב מכתבים על נייר מיוחד* עם השם שלי.

*special

§ 5.2 The preposition -ב

ב is used almost like a generic preposition in Hebrew. Most often it is used to indicate presence at a location or space, similar to the English *in* or *at*:

הבחינה בבניין גילמן.

אנחנו בדירה.

It is also used to indicate the means by which something is done (as in writing with a pencil, in the sense of writing by the means of a pencil):

הם כותבים בעיפרון.

Very often where English would use *on* to indicate location Hebrew would use ב:

הסיפור בעמוד שלוש	(on page three)
אני גרתי ברחוב דִיזֶנְגוֹף	(on Dizenghoff St.)
הוא בא לאוניברסיטה ביום שישי	(on Friday)
היא בקַמפּוּס היום	(on campus)
הם לא באו לשיעור בזמן	(on time)
אני רואה סֶרֶט בטלוויזיה	(a movie on TV)

Hebrew students who are native speakers of English tend to use על in such situations, as in

אני גרה על רחוב דיזנגוף. (לא טוב!)

Remember: על is used in the sense of *on* only when we an indication is made that an item is physically on top or above another.

The preposition is usually pronounced בְּ. Before a consonant which has a schwa, it is pronounced בִּ, in keeping with a consistent avoidance of two consecutive schwas at the beginning of a word. When the preposition is combined with a word like בְּרָזֶל, then, one says בִּבְרָזֶל and not בְּבְרָזֶל. When the preposition is prefixed to a word which starts with יְ, the two combine to form בִּי, as in בִּירוּשָׁלַיִם from בְּ + יְרוּשָׁלַיִם.

Most native speakers do not make these distinctions in their speech, and will pronounce those two words as בְּבְרזיל and בְּיְרושלים.

As stated earlier, בְּ means *in* and בַּ means *in the*. The difference stems from the combination of the preposition ב and the definite article הַ, which together form the בַּ

דירה הַדירה בְּ+הַדירה = בַּדירה

A similar thing will happen with ל:

משה הולך לְמסעדה לאכול, וחנה הולכת לַספרייה ללמוד.

ספרייה הַספרייה לְ + הַספרייה = לַספרייה

With the preposition מ *from*, however, the *heh* is retained:

ספרייה הַספרייה מ + הספרייה = מֵהַספרייה

✍ **Exercise 6: Complete the sentences with a preposition, using definite objects. Use vowel marks, and translate the full sentences into English**

1. היא ישבה_____ בית ולמדה. ____________________________________
2. הן הלכו_____הבית_____ספרייה. ____________________________________
3. אני עכשיו _____ ספרייה של האוניברסיטה. ______________________________

4. מתי משה בא _____ עבודה? ומתי הוא הולך _____ אוניברסיטה?

✍ **Exercise 7: Produce the following sentences in Hebrew. For additional practice, vary their elements**

1. I lived in Tel Aviv.
2. They sat at the library and studied.
3. We like to eat at restaurants.
4. The students wrote with a pencil.
5. I came from the office.
6. She is going to the University.
7. I do not know when he came from (the) work.

§ 5.3 Location and movement

Hebrew makes a clear distinction between reference to being at a certain location and moving towards it. This distinction can be demonstrated in the question word "where":

יעל: מירב, **לאן** את הולכת?

מירב: אני הולכת **לספרייה**.

as opposed to:

יעל: מירב, **איפה** את עכשיו?

מירב: אני **בבית**.

In both cases English allows the use the question word *where*: Where are you going? (In the sense of "Where are you going to?"); Where are you? Hebrew uses two distinct question words when the question refers to movement **towards** the location (לאן, where to) or being **at** a location (איפה, where).

The same distinction is clear in the use of שם vs. לשם or כאן vs. לכאן:

דוויד שם. הוא בא לשם בערב.

דוויד כאן. הוא בא לכאן בערב. (דוויד פה. הוא בא לפה בערב.)

(David is there. He came there in the evening; David is here. He came here in the evening)

✍ **Exercise 8: Complete the sentences with a word indicating location or movement**

‏1. _____ אתה הולך? אני הולך למסעדה.

‏2. _____ היא יושבת? היא יושבת בביית ולומדת.

‏3. _____ הם באו בשבת? הם באו לביית של משה.

‏4. לאן הן נוסעות? הן נוסעות _____ של דינה.

‏5. איפה הם הקייץ? הם _____ הקייץ.

§ 5.4 The use of *because*

Hebrew has a number of words which mean *because*. The first one introduced here, ‏כי‎, is used as a conjunction connecting two independent sentences:

‏אני אוכלת מהר עכשיו כי אני צריכה ללכת לעבודה.

One does not open sentences with ‏כי‎; neither is it used in the sense of *because of* before a phrase (as in "I did not come to class because of the rain"). Before such phrases Hebrew speakers use the word ‏בגלל‎ :

travel   ‏אני נוסעת לברזיל בגלל הקרנבל. (אני נוסעת לברזיל כי אני נוסעת לקרנבל)

‏אני לא בַּביית עכשיו בגלל הבחינה באנגלית.

✍ **Exercise 9: Complete with ‏כי‎ or ‏בגלל‎**

‏1. לא באתי לכאן _____ הגשם. (rain)

‏2. אני יושבת במסעדה עכשיו _____ אני רוצה לאכול.

‏3. דינה לא אוכלת עכשיו _____ עכשיו בוקר והיא לא אוכלת בבוקר. זה לא טוב!

‏4. _____השיעור הוא בא לאוניברסיטה בשמונה בבוקר.

because

‏5. כתבתי בעיפרון _____ רציתי לכתוב יפה.

§ 5.5 Sentence structure: Reversal of subject and verb in questions

As was observed with ‏מה‎, in formal Hebrew question words placed at the beginning of a sentence trigger reversal of subject and verb (question word + verb + subject):

‏מה עושה עודד? הוא לומד.

‏מה צריכה חנה? היא צריכה ספר מהספרייה.

איפה אוכל דוויד? דוויד אוכל במסעדה.

לאן הולכת המורה? המורה הולכת לשיעור.

This reversal is quite common in the written language. In the spoken language, however, these questions would most likely be constructed in the following ways:

מה עודד עושה? איפה דוויד אוכל? לאן המורה הולכת?

The answers will maintain the regular sentence structure (subject + verb + object) in both the formal and informal discourse:

עודד לומד. דוויד אוכל במסעדה. המורה הולכת לשיעור.

§ 5.6 Vowels and consonants: Compensatory lengthening

Both the definite article and the preposition -מ demonstrate in their variants a phonological process which is called "compensatory lengthening."

Historically, the consonant following the article or the preposition -מ was doubled (pronounced for a longer time). The article may have had a second consonant, *lámed,* and the preposition had a second consonant, *nun*. Both these consonants, having no vowel of their own, assimilated into the following consonant, which resulted in the lengthening of the latter. Thus, instead of the theoretical הלספר, the form is הספר with the *sámech* lengthened in pronunciation to sound something like *has-séfer.* Similarly, instead of מנתל-אביב the form is מתּל-אביב with the *tav* lengthened in pronunciation (*mittel-aviv*). This lengthening is no longer obvious in the speech of native speakers. In the vocalized orthography, however, it is still represented. It is marked by a *dagesh*— not the kind which signals a stop (see **The Hebrew Alphabet**) but rather the kind which signals "doubling" or lengthening. In principle, then, every consonant following the article or the preposition -מ is lengthened (doubled).

The consonants א, ה, ח, ע, ר however, do not lend themselves to doubling. When the definite article is prefixed to the word אוניברסיטה, for example, one does not double the *álef* (that is, lengthen the duration of its pronunciation). Instead, one supposedly lengthens the vowel which precedes the *álef,* thus achieving a similar effect. As the normal vowel of the article is the *patach* הַ, before an *álef* it will be a *kamats* הָ, which used to be the long counterpart of the *patach*. This is why the article is written with a *patach* in הַסֵּפֶר but with a *kamats* in הָאוּנִיבֶרְסִיטָה. This is also why vocalized texts have בַּדירה and לַדירה but בָּאוניברסיטה and לָאוניברסיטה.

Similarly, when lengthening should occur after -מִ as a prefix and the following consonant is one of א, ה, ח, ע, ר the preposition is pronounced -מֵ as the long counterpart of the *chirik* is a *tsere*. That is why Hebrew requires

מִתֵּל-אביב, מֵהדירה

As mentioned earlier, the issue of length distinction is a theoretical issue in modern Hebrew, as length distinctions are maintained neither in vowels nor in doubled consonants. Native speakers will, therefore, often use -מִ regardless of the consonant it precedes (מִתל-אביב, מִהדירה). Vocalized texts, however, will always exhibit such historical distinctions, and students of Hebrew should be familiar with them.

§ 5.7 The verb לָדַעַת *to know*

This verb has an *áyin* as the last consonant of the root, and, therefore, it exhibits the typical vowel behavior associated with *áyin* which tends to color the adjacent vowels to "a" (ישב, a regular verb, is given here for comparison):

יוֹדֵעַ	יוֹשֵׁב
יוֹדַעַת	יוֹשֶׁבֶת
יוֹדְעִים	יוֹשְׁבִים
יוֹדְעוֹת	יוֹשְׁבוֹת
לָדַעַת	לָשֶׁבֶת

לָדַעַת is parallel to the infinitive of ישב, לָשֶׁבֶת. It also is parallel to the infinitive form of הלך, לָלֶכֶת.

➻ Vocabulary note:

The verb ידע is used in the sense of knowing something or possessing information. It is **not** used for knowing someone (cf. להכיר in unit 3). In the formal language, ידע is used in such a context only in the sense of carnal knowledge.

☺☺   **Oral practice:**

Tell the class what you know or don't know, following the example:

אני יודעת לדבר עברית

✍ **Exercise 10: Produce the following sentences in Hebrew. For additional practice, vary their elements**

1. In the past, people didn't want to study here.
2. - Where are the teachers? - At the university.
3. We see many dogs on the street.
4. Good morning! Today is Thursday and the time is 7 a.m.
5. -Why can't Isaac study at home tonight? -He can't study at home
   because he has to work in the restaurant this week.
6. - Where did you sit? - We sat in Merav's office.
7. On Monday, Sarah read very nicely in class.
8. - When did he read a newspaper? - This morning.
9. We don't know why she doesn't want to talk now.
10.- Who worked here this morning? - Only students.
11. -What did you do this summer? - I worked!
12. In Israel many people don't go to work on Friday and Saturday.
13. She came from Tel Aviv to live in Austin.
14. Rachel can't eat with David today.
15. Sarah wrote quickly with the pen.

Unit vav

יחידה ו

במסעדה

Eating in a Restaurant

₪

₪ אֹכֶל (ז., אוכל)	food
₪ שְׁתִיָּה (נ., שתייה)	drink, drinking (noun)
₪ כֶּסֶף (ז.)	money
₪ אֲרוּחָה (נ.)	meal
₪ דּוֹלָר (ז.)	dollar
₪ שֶׁקֶל (ז.)	shekel (Israeli currency)
₪ עָלָה (לַעֲלוֹת)	cost (verb), go up
₪ קָנָה (לִקְנוֹת)	buy (verb)
₪ שָׁתָה (לִשְׁתּוֹת)	drink (verb)
₪ שִׁלֵּם (שילם לְשַׁלֵּם)	pay (verb)
₪ מְזֻמָּן (ז., מזומן)	cash
₪ צֶ'ק	check (noun)
₪ כַּרְטִיס-אַשְׁרַאי (ז.)	credit card
₪ בִּקֵּשׁ (ביקש לְבַקֵּשׁ)	ask, request (verb)
₪ שׁוּק (ז., ר. שְׁוָקִים שווקים)	market (noun)
₪ סוּפֶּרְמַרְקֶט (ז.)	supermarket
₪ בַּנְק (ז.)	bank
₪ קַמְפּוּס (ז.)	campus
₪ הַרְבֵּה	much, a lot (adverb)
₪ דָּבָר (ז.)	thing

vav 1

vav 2

אתמול קניתי אוכל בשוק. האוכל לא עלה כסף רב. רינה קנתה אוכל בסופרמרקט ושילמה כסף רב. היא צריכה לקנות בשוק!

אני ודן אכלנו במסעדה בקמפוס. קנינו אוכל ושתייה. הארוחה עלתה 12 (שְׁנֵים-עָשָׂר) דולרים. דן שילם בצ'יק.

- בחנות במלון אתה יכול לקנות הרבה דברים! אתה צריך לשלם בשקלים, אבל אתה יכול לבקש לשלם בדולרים.

- בבנק אתה יכול לבקש או שקלים או דולרים.

- איך אתם רוצים לשלם: במזומן, בצ׳יק, או בכרטיס-אשראי?

v1

- הספרים עולים הרבה כסף? אנחנו יכולים לקנות ספרים מְשֻׁמָּשִׁים. (used)

§ 6.1 Nouns of large quantity used in the singular form

The nouns אוכל, שתייה and כסף are normally used in the singular form, even though they may refer to an item of large quantity.

§ 6.2 The adjective רב ***much***

The word רב used for "plural" in Hebrew is also used for "much" and "many." Like all other adjectives (see below) it has four forms, the use of which is determined by the gender and number of the modified noun:

האוכל לא עלה כסף רב.

תודה רַבָּה!

קראנו ספרים רַבִּים בספרייה.

הם אכלו ארוחות רַבּוֹת בקפטריה.

Most native speakers, however, will use the adverb הרבה as a substitute for the adjective *much* in these situations:

האוכל לא עלה הרבה כסף.

קראנו הרבה ספרים בספרייה.

הם אכלו הרבה ארוחות בקפטריה.

Some will also say הרבה תודה , even though the expression תודה רַבָּה! is by and large used by most speakers.

✍ **Exercise 1: Write a short essay, listing items which you like (or don't like) to buy.**

☺☺ **Oral practice:**

Work in a group. Produce sentences with "much" or "many" as in, "I see many students." Talk about money and paying.

§ 6.3 Either-or, neither-nor

An "either-or" construction will use the word או twice. This is in line with the preference for repeating elements such as prepositions and conjunctions (see §2.7):

בבנק אתה יכול לבקש או שקלים או דולרים.

את יכולה לדבר עם מיכל או באנגלית או בעברית.

Many speakers, however, will not repeat the או and will use it with the last item only:

בבנק אתה יכול לבקש שקלים או דולרים.

את יכולה לדבר עם מיכל באנגלית או בעברית.

Neither-nor will use לא twice:

אני לא לומד ולא עובד היום.

אני לא רוצה לא שקלים ולא דולרים. אני רוצה צ'יק.

Review these "shopping" verb forms in the present and past tenses:

קוֹנֶה	מְשַׁלֵּם
קוֹנָה	מְשַׁלֶּמֶת
קוֹנִים	מְשַׁלְּמִים
קוֹנוֹת	מְשַׁלְּמוֹת
קָנִיתִי	שילמתי
קָנִיתָ	שילמתָ
קָנִית	שילמתְ
הוּא קָנָה	הוא שילֵם
הִיא קָנְתָה	היא שילמה
קָנִינוּ	שילמנו

קְנִיתֶם	שילמתם
קְנִיתֶן	שילמתן
הֵם/הֵן קָנוּ	הם/הן שילמו
לִקְנוֹת	לְשַׁלֵּם

✍ **Exercise 2: Combine קָנָה and שִׁילֵם in six sentences like**

הוא קנה אוכל ושילם במזומן.

✍ **Exercise 3: Write six sentences about things that cost a lot or a little money, following the examples**

בתים בקליפורניה עולים כסף רב.

אוכל בשוק לא עולה הרבה כסף.

➻ **Vocabulary notes:**

The verb עלה carries a number of meanings in Hebrew. It is used in the sense of "cost," but also in the sense of "to go up, ascend." From the latter we have the word "to immigrate, make *aliyah*" לעלות in the sense of going up to Israel. This is an ancient, culture-specific notion, as Israel, irrespective of its geographical features, is considered the "highest" place for a Jew to be in. Similarly, from any place in Israel people go up to Jerusalem (עולים לירושלים), which is the "highest" place in Israel.

The word דבר has many uses in Hebrew. It is used here as "thing," but it also can be used as "word" or "matter" (as in "what is the matter").

דברים טובים is used as an idiom meaning "goodies."

§ 6.4 דָּבָר-דְּבָרִים: A typical vowel change

The vowel pattern of דְּבָרִים is typical of nouns which have an initial *kamats* or those whose vowel pattern in the singular is one of the following (shown with פעל for placement): פַּעַל פֶּעֶל פֵּעֶל פֹּעֶל. Study the following plurals:

יֶלֶד יְלָדִים

פַּעַם פְּעָמִים

בֹּקֶר בְּקָרִים

סֵפֶר סְפָרִים

עֶרֶב עֲרָבִים

חֹדֶשׁ חֳדָשִׁים

✍ Exercise 4: Based on that information, supply the plurals of the following nouns

שֶׁקֶל ______ דֶּרֶךְ ______ נַעַר ______ כֹּתֶל ______ עֵשֶׂב ______ לֶחֶם ______ נַעַץ ______.

(road) (youth) (wall) (grass) (bread) (tack)

✍ Exercise 5: Review the new verbs, using them in the following sentences

1. הוא ביקש דולרים. גם היא ______________________.
2. הם שילמו בשקלים, וגם אני ______________________.
3. היא קנתה אוכל בסופרמרקט, וגם אתן ____________לקנות אוכל בסופרמרקט.
4. למה אתם משלמים בדולרים? אתם יכולים____________ בשקלים!
5. אתמול אני ומשה אכלנו ושתינו במסעדה. האוכל ____________ 3 (שלוֹשָׁה) דולרים, והשתייה____________ 2 (שְׁנֵי) דולרים.

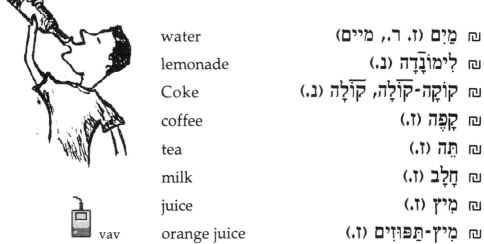

₪

שתייה:

₪ מַיִם (ז. ר., מיים)	water
₪ לִימוֹנָדָה (נ.)	lemonade
₪ קוֹקָה-קוֹלָה, קוֹלָה (נ.)	Coke
₪ קָפֶה (ז.)	coffee
₪ תֵּה (ז.)	tea
₪ חָלָב (ז.)	milk
₪ מִיץ (ז.)	juice
₪ מִיץ-תַּפּוּזִים (ז.)	orange juice

vav

אוכל:

rice	אֹרֶז (ז., אורז)	♫
salad	סָלָט (ז.)	♫
bread	לֶחֶם (ז.)	♫
toast (noun)	טוֹסְט, צְנִים (ז.)	♫
egg	בֵּיצָה (נ., ר. ביצים)	♫
cheese	גְּבִינָה (נ.)	♫
pita bread	פִּיתָה (נ.)	♫
soup	מָרָק (ז.)	♫
sandwich	סֶנְדְּוִיץ' (ז., סנדוויץ'), כָּרִיךְ (ז.)	♫
meat	בָּשָׂר (ז.)	♫
vegetable	יֶרֶק (ז., ר. יְרָקוֹת)	♫
fruit	פְּרִי (ז., ר. פֵּרוֹת פירות)	♫
falafel	פָלָפֶל, פָלָאפֶל (ז.)	♫
hummus	חוּמוּס (ז.)	♫
french fries	צִ'יפְּס (ז.)	♫
tahini	טְחִינָה (נ.)	♫
cake	עוּגָה (נ.)	♫
without	בְּלִי	♫
ice-cream	גְּלִידָה (נ.)	♫
menu	תַּפְרִיט (ז.)	♫

vav 4

אתמול עודד ומירב הלכו למסעדה. מירב אכלה סלט-ירקות ובשר עם אורז.
עודד אכל סנדוויץ', מרק, וסלט-פירות. הוא שתה מיץ-תפוזים ומירב שתתה
קוקה-קולה.

אני אוהבת לשתות מים או תה עם חלב. אני לא שותה קפה.
אני לא אוכלת בשר. אני אוכלת רק לחם, ירקות ופירות. אני גם לא אוכלת
עוגות.

v2

בשוק קניתי חומוס בפיתה ומיץ-תפוזים. דוויד קנה פלאפל. הוא ביקש פלאפל בלי טחינה אבל עם צ'יפס. הוא שתה לימונדה.

✍ **Exercise 6: Answer the questions**

מה אתה אוהב לשתות? ומה את אוהבת לשתות?

_____

_____

מה אתה אוהב לאכול? ומה את אוהבת לאכול?

_____

_____

☺☺   **Oral practice:**

Tell your classmates what you like to eat at home and what you like to eat at a restaurant.

 eating

➻ **Vocabulary notes:**

The word טוסט _toast_ has a Hebrew equivalent צנים. Likewise, the word סנדוויץ' has a Hebrew equivalent, כָּרִיךְ , but it is rarely used by native speakers, who prefer the borrowed word.

The word תפוז (orange) is actually an abbreviation of תַּפּוּחַ זָהָב _golden apple._ Citrus fruits are among Israel's most prominent agricultural products. "Jaffa" oranges are exported to Europe and the United States, and are recognized around the world for their quality.

		נ
there is, there are	יֵשׁ	נ
there is not, there are not	אֵין	נ
breakfast	אֲרוּחַת-בֹּוקֶר (נ.)	נ
noon	צָהֳרַיִם (ז. ר., צוהריים)	נ

lunch		₪ ארוחת-צוהריים (נ.)
dinner		₪ ארוחת-ערב (נ.)
dessert		₪ קִנּוּחַ (ז., קינוח)
fresh		₪ טָרִי
tasty		₪ טָעִים
clean (adjective)		₪ נָקִי
dirty		₪ מְלֻכְלָךְ (מלוכלך)
large, big		₪ גָּדוֹל
small, little		₪ קָטָן
warm, hot		₪ חַם
cold, chilly	vav 5	₪ קַר
boring		₪ מְשַׁעֲמֵם
interesting		₪ מְעַנְיֵן (מעניין)
bad, evil		₪ רַע
healthy		₪ בָּרִיא
expensive		₪ יָקָר
cheap		₪ זוֹל
health		₪ בְּרִיאוּת (נ.)
Bless you! (for health)		₪ לִבְרִיאוּת, לַבְּרִיאוּת!
appetite		₪ תֵּאָבוֹן (ז., תיאבון)
Bon appetit!	vav 6	₪ בְּתֵאָבוֹן (בתיאבון)!

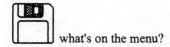

what's on the menu?

∞ במסעדה של המלון יש ארוחת-בוקר, ארוחת-צוהריים וארוחת-ערב. האוכל
יקר מאוד, אבל טוב.

∞ בקפטריה בקמפוס יש אוכל זול, טעים ובריא: יש ירקות ופירות טריים,
סלטים, לחם טרי, מרקים חמים ועוגות טובות. אין בשר, ואין ביצים.

v3

הארוחה עלתה הרבה כסף? אין דבר! אנחנו אוכלים פה
רק פעם בשנה וזה בסדר.

§ 6.5 Adjectives

A rule-of-thumb in Hebrew places a modifier after the element which it modifies. Accordingly, an adjective, which is an element that tells something about a noun, is placed after the noun which it modifies:

(the food is expensive.)	האוכל יקר.
(the food is good.)	האוכל טוב.
(good food)	אוכל טוב
(a boring man)	איש משעמם

Moreover, Hebrew adjectives "agree" with their nouns in gender and number. That is to say that if the noun is m.sg. so is the adjective which modifies it, and if the noun is f.pl., so is its adjective:

האוכל טוב.

הארוחה טובה.

הירקות טובים.

האוניברסיטאות בישראל טובות.

Thus, every adjective in Hebrew has four forms: m.sg., f.sg., m.pl., and f.pl. Study a number of examples:

זול	טוב	רע
זולה	טובה	רעה
זולים	טובים	רעים
זולות	טובות	רעות

Adjectives derived from the patterns *pi'el*, *pu'al*, and *hitpa'el* have a *tav* in the ending of the feminine singular form: מלוכלכת, משעממת, מעניינת

☺☹ **Oral practice: Apply your knowledge**

Based on the rule which requires vowel-reduction with the shift of stress (see §3.3), what would be the f.sg. and plural forms of the following adjectives

טרי טעים נקי בריא גדול קטן יקר?

Produce ten noun + adjective combinations. Ask a classmate to reproduce
singular combinations of the plural and plural combinations of the singular.

✍ **Exercise 7: Complete with the same adjectives**

1. הילד טוב. הילדה _____
2. הארוחה טובה. הארוחות _____.
3. הספר מעניין. הספרים _____.
4. אני לומדת באוניברסיטה בתל אביב. זאת אוניברסיטה גדולה. יש בישראל חמש
   אוניברסיטאות _____.
5. הגלידה טעימה. הגלידות _____.
6. העבודה משעממת. העבודות _____.
7. התיאבון בריא. הארוחה _____.
8. הטחינה טעימה. האורז _____.
9. המסעדה מלוכלכת. הבית _____.

§ 6.6 Negating an adjective

The rule of negation puts a לא in front of the negated element (see §2.1).

Accordingly, when an adjective is negated, it is preceded by לא:

הארוחה לא טובה.

הספר לא מעניין.

∞ ארוחת בוקר:

צנים, ביצה, קפה בלי חלב

ארוחת צוהריים:

מרק-ירקות, בשׂר, אורז, ולימונדה. לקינוח: גלידה

ארוחת ערב:

סנדוויץ', סלט-ירקות, גבינה ותה או קפה. לקינוח: עוגה

∞ אני לא אוהבת את המסעדה בקמפוס:

האוכל משעמם. יש רק סנדוויצ'ים, מרק, סלט וקפה.

הירקות לא טריים, והפירות לא טובים.

הקפה קר ולא טעים.

אין עוגות.

המסעדה מלוכלכת כי באים לשם הרבה אנשים בבוקר, בצוהריים ובערב.

והאוכל יקר!

אני אוהבת לאכול במסעדות באוניברסיטה בירושלים:

המסעדות נקיות. האוכל טרי ובריא. הפירות והירקות טריים, הסלטים

והמרקים טובים.

הסנדוויצ'ים גדולים וטעימים, האוכל זול, והאנשים מעניינים.

v4

✍ **Exercise 8: Fill in the blank with the correct form of the adjectives below**

1. הגבינה (טרי) _____ מאוד.
2. דוויד שתה קפה (חם) _____ במסעדה.
3. הם קנו אוכל בחנות (קטן) _____ .
4. המים כאן (נקי) _____ מאוד.
5. הלכתי לאכול ארוחה (טוב) _____ .
6. לקחנו* ספרים בספרייה (גדול) _____ .   *we took
7. יש ירקות (טעים) _____ בשוק.
8. הילדה (קטן) _____ ו(יפה) _____ .
9. הם באו מבתים (חם)_____ ו(טוב)_____ .

§ 6.7 "There is" and "there is not"

The notion of "being" or "not being" is expressed in the present tense with the

יש (existence) and אין particles (non-existence):

יש במסעדה פירות וירקות טריים/ אין במסעדה פירות וירקות טריים.

The particles יש and אין are placed in the sentence somewhere before the element

to which they are pointing:

יש במסעדה פירות וירקות טריים.

יש פירות וירקות טריים במסעדה (או: במסעדה יש פירות וירקות טריים).

אין במשרד ניירות.

אין באוניברסיטה שיעורים בקייץ.

אין, expressing the negation of existence, is used in formal Hebrew to negate sentences in the present tense. What is expressed in the spoken language as

דוויד לא רוצה לאכול.

will be expressed in a more formal language as

דוויד אינו רוצה לאכול.

Such negation is very common in written texts. Note that the particle אין receives endings which are parallel to those added to nouns like שם and שלום:

איני רוצה לאכול (אני לא רוצה לאכול).

אינךָ רוצה לאכול (אתה לא רוצה לאכול).

אינֵך רוצה לאכול (את לא רוצה לאכול).

הוא אינו רוצה לאכול (הוא לא רוצה לאכול).

היא אינה רוצה לאכול (היא לא רוצה לאכול).

In formal Hebrew אין is also used for negating an adjective as a predicate (when present tense is assumed):

הארוחה אינה טובה (הארוחה לא טובה).

הספר אינו מעניין (הספר לא מעניין).

➳ **Vocabulary notes**:

When a person sneezes, expect to hear לִבְרִיאוּת! or לַבְּרִיאוּת!. Sometimes you will hear the parallel Yiddish expression גֶעזוּנטהַייט!

אין דבר is a common expression, meaning, "It is nothing," or "Don't worry about it."

בתיאבון is used for greeting a person who is eating or is about to eat.

☺☺ **Oral practice:**

Work in pairs. Ask each other questions with "there is" or "there is not" such as:

מה יש במסעדה? מה אין בעיר? יש בבית שלך כלב?

Apply your knowledge: What would be the plural forms of כֶּלֶב, קָטָן, יָקָר?

✍ Exercise 9: Complete the sentences

1. יש בבית של מיכל______________________________.
2. אני לא יודע למה אין פה______________________________.
3. מה יש ______________________________?
4. למה אין______________________________?
5. אין בחנות______________________________.
6. למה יש לדוויד______________________________?
7. באוניברסיטה יש ______________________________.

ש

ש כּוֹס (נ., ר. כּוֹסוֹת)	glass (for drinking)
ש סֵפֶל (ז.)	cup
ש צַלַּחַת (נ.)	plate, saucer
ש סַכִּין (ז.)	knife
ש מַזְלֵג (ז., ר. מַזְלְגוֹת)	fork
ש כַּף (נ., ר. כַּפּוֹת)	tablespoon
ש כַּפִּית (נ.)	teaspoon

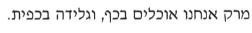

vav 6

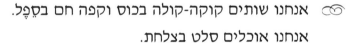

אנחנו שותים קוקה-קולה בכוס וקפה חם בסֵפֶל.
אנחנו אוכלים סלט בצלחת.
מרק אנחנו אוכלים בכף, וגלידה בכפית.
בשר אנחנו אוכלים בסכין ובמזלג.

v5

Note the use of -ב in the sense of "by means of" (see §5.2).

➵ Vocabulary notes:

The words כף and כפית represent a common way of expressing the diminutive of Hebrew feminine nouns, the addition of the suffix ית-. The same can be observed with מַפָּה (tablecloth) and מַפִּית (napkin).

☺☺ **Oral practice:**

Work in pairs. Set an imaginary table. Name the items and the places you put them. Tell each other what you are going to eat using specific pieces of flatware and silverware.

§ 6.8 Sentence structure: Objects fronted for emphasis

Normally in Hebrew an object follows the verb:

אנחנו שותים קוקה-קולה בכוס.

When speakers want to place emphasis on an object, they "front" it, that is, place it at the beginning of the sentence:

<u>קוקה-קולה</u> אנחנו שותים בכוס.

<u>מרק</u> אנחנו אוכלים בכף.

<u>בשר</u> אנחנו אוכלים בסכין ובמזלג.

✍ **Exercise 10: Produce the following sentences in Hebrew. For additional practice, vary their elements**

1. This week we bought fruit, vegetables, and pita bread at the supermarket.

2. I (f.) don't like to drink orange juice in a small cup.

3. The meal is warm but not fresh.

4. The restaurants in (the) town are very good.

5. They (m.) don't need to read boring newspapers at home (in the house).

6. Many people wanted to talk with Sarah this morning.

7. Oded and Revital like to drink only lemonade in the summer.

8. The teacher (m.) read an interesting book to the students in class.

✍ **Exercise 11: Add some of the following adjectives to the nouns, making the necessary adjustments**

טוב גדול קטן רע מעניין משעמם רב יפה

בתים	ספר
מזלגות	מחברת
רחובות	אישה
כוסות	ביית
צלחת	אנשים
	נשים
	ערים
	סטודנט
	לילה

Unit záyin

יחידה ז

רוצים לטייל

Planning a Trip

záyin 1

word	מִלָּה (נ., ר. מִלִּים/מִלּוֹת)
prepositions	מלות-יַחַס
of, belonging to	של
from	מ-
to	ל-
in, at, by means of	ב-
with	עם
on, about	על
for	בִּשְׁבִיל
to, toward	אֶל
help (verb)	עָזַר ל... (לַעֲזֹר לעזור)
give	נָתַן ל... (לָתֵת)
call, name (also: read)	קָרָא ל... (לקרוא)

§ 7.1 Prepositions

Prepositions connect nouns or pronouns serving as sentence objects to other words in the sentence (David spoke with Michal; I see him far behind me).

Prepositions in Hebrew can be independent like של and בשביל, or prefixed to a noun like ב- and ל-, but whenever they are used, they are followed by a noun. In place of a noun, both kinds of prepositions can take a full set of pronominal suffixes, that is, suffixes which make reference to a certain noun/person like the -י in שמי, indicating 1st person, or the final -ו in שלומו, indicating 3rd person m.sg. etc. (compare: I speak with David; I speak with him).

Here are two sets of suffixes, one used with ל- and one used with בִּשְׁבִיל. Note the suffix variants for the 2nd person f.sg, 1st person plural, and 3rd person plurals.

לִי	בִּשְׁבִילִי
לְךָ	בִּשְׁבִילְךָ
לָךְ	בִּשְׁבִילֵךְ
לוֹ	בִּשְׁבִילוֹ
לָהּ	בִּשְׁבִילָהּ
לָנוּ	בִּשְׁבִילֵנוּ
לָכֶם	בִּשְׁבִילְכֶם
לָכֶן	בִּשְׁבִילְכֶן
לָהֶם	בִּשְׁבִילָם
לָהֶן	בִּשְׁבִילָן

The prepositions ב- , עם and של follow the "ל-" model. The prepositions אל and
מ- take slightly different suffixes which are not discussed here.

With can be expressed in Hebrew by either עם or את . While עם is used as the
independent preposition (אני הולך עם דוויד), את is the one most often used with
pronominal suffixes (אני הולך איתו *with him*). The forms of את are given below:

> איתי איתָך איתָך איתו איתה איתָנו איתכם איתכן איתָם איתן

שירה: מיכאל, אתה רוצה לבוא איתי לסרט*?   *movie

מיכאל: כן, אני רוצה לבוא איתך לסרט. וגם אורית רוצה לבוא איתנו.

ואם היא באה לסרט, אז* דוויד רוצה לבוא איתה.   *then

שירה: אני לא רוצה ללכת עם דוויד. הלכתי איתו פעם לסרט והוא

בחור מאוד משעמם. אני רוצה ללכת איתך והוא יכול ללכת

איתה. מה אתה חושב?

מיכאל: אני חושב שזה בסדר.

  z1

✍ **Exercise 1: Try a number of sentences with של**

אני הולך אל הבית <u>של חנה</u>. אני הולך אל הבית <u>שלה</u>.

1. זה הספר <u>של דוויד</u>. זה הספר _____.

2. אני הולך לבּיית <u>שלי ושל מיכל</u>. אני הולך לבּיית_____.

3. בחנות <u>של נעמי ושרה</u> יש ספרים מעניינים. בחנות_____ יש ספרים מעניינים.

4. אכלנו במסעדה <u>של שירה</u>. אכלנו במסעדה_____.

5. יש אורחים בבית שלך ושל חנה? יש אורחים בבית ___________ ?

6. אני עובד בספרייה כי יש אנשים במשרד___________ .

✍ **Exercise 2: Complete the sentences using את *with***

הוא בא לסרט עם משה. הוא בא לסרט איתו.

1. אני גרה עם שירה ועם מיכאל. אני גרה___________ .

2. רונית, אני הולכת לספרייה. את רוצה לבוא___________ ?

3. שלומית נוסעת* לירושלים ודורית נוסעת___________ . *travels

4. למה לא הלכת עם החברות שלך? למה לא הלכת___________ ?

5. דוויד, אני יכולה לדבר___________ ?

✍ **Exercise 3: Complete the sentences using -ל**

אני נותן לרינה ספר. אני נותן לה ספר.

1. עודד עוזר למיכאל ולמשה ללמוד. הוא עוזר___________ ללמוד.

2. דינה כתבה למיכל ולי מכתב. היא כתבה___________ מכתב.

3. המורה נתן לסטודנטים שיעורים. הוא נתן___________ שיעורים.

4. עזרנו לסטודנטיות בעבודה. עזרנו___________ בעבודה.

5. יש למשה שאלה. רינה, את יכולה לעזור___________ ?

Note that the verbs נתן and עזר always take objects of the preposition -ל when the recipient is referred to:

עודד **נתן ליגאל** ספר. הוא **נתן לו** ספר מעניין.

מירב **עזרה ליעל**. היא **עזרה לה** לעשות שיעורים.

Students who are English speakers tend to omit the -ל with these verbs because of the seemingly-direct parallel English construction: He gave David a book; he helped her. (Note, though: He gave a book to David.)

Another verb which takes object of the preposition -ל is קרא "call." The expression קוראים לי, which literally means *they call me* is used in parallel to שמי :

איך קוראים לך? קוראים לי דוויד. (מה שמך? שמי דוויד.)

איך קוראים לחבר של שרה? קוראים לו מיכאל.

איך קראו לחברה שלך? קראו לה מיכל.

The past tense forms of the verb *give* are distinguished from those of most other verbs. Observe the conjugation:

נָתַתִּי

נָתַתָּ

נָתַתְּ

הוא נָתַן

היא נָתְנָה

נָתַנּוּ

נְתַתֶּם

נְתַתֶּן

הם/הן נָתְנוּ

נוֹתֵן

נוֹתֶנֶת

נוֹתְנִים

נוֹתְנוֹת

לָתֵת

A close look at the past tense forms reveals that when the *nun* which is the last consonant of the root closes a syllable and has no vowel of its own, it "disappears" (that is, it assimilates into the consonant which follows it, which is then "doubled" or lengthened in pronunciation). Thus, for example, while theoretically the אני form would be נָתַנְתִּי (cf. כָּתַבְתִּי), the *nun* assimilates into the second *tav* and the actual form is נָתַתִּי. Only a *nun* which has its own vowel (or which has no following consonant to assimilate into) appears in the word. This behavior, with few exceptions, is typical of a *nun*, and has been observed earlier when the preposition -מ was discussed (§5.6).

➵ **Vocabulary notes:**

The word מלה *word* has two plurals: מִלים and מִלות . The one used regularly is מִלים. מִלות is used when it is combined with another noun, as in מלות-יחס (literally: Words of relatedness) or מלות-חִבָּה (words of affection). Note that מלים is a feminine noun. When combined with an adjective, that adjective has to take the feminine form:

אני רוצה להגיד לך מילים טובות על העבודה שלך.

אתם צריכים ללמוד מילים חדשות.

The verb נתן is often used in the sense of *allow, let.*

אתה יכול לתת לי לעבוד בשקט?

הוא מדבר כל הזמן ולא נותן לי לדבר!

Exercise 4: Fill in the blanks with appropriate forms of נתן

1. אתמול (אני) ____________לדינה ספר יפה.
2. למה (אתם) לא ____________ לי לאכול?
3. רונית, מי ____________ לך אוכל אתמול?
4. אני לא יודע מי יכול ____________ אוכל לחתולה כשאנחנו לא פה.
5. שירה ____________ לדוויד עיתון מישראל אתמול.
6. אנחנו לא ____________ להם לעבוד כי הם לא באו לעבודה בזמן.
7. הם לא ____________ לנו לגור בדירה. הם אמרו: אין פה מקום בשבילכם!

נָסַע (לִנְסֹעַ לנסוע)	travel, go by car
סֶרֶט (ז., ר. סרטים)	movie, ribbon
טֶלֶוִיזְיָה (נ., טלוויזיה)	television
בּוֹס (ז., נ. בּוֹסִית)	boss
אָז	then, at that point in time (also: so, thus)
יָפֶה	nice (also: nicely)
חוּץ (ז.)	outdoors
בַּחוּץ	outside
אֶרֶץ (נ.)	land, country
הָאָרֶץ	**The** land (Israel)
אִם	if
חוּץ-לָאָרֶץ	abroad

záyin 2

טִיּוּל (ז.) trip (noun), tour

חָזַר (לַחֲזֹר, לַחְזֹר, לחזור) return (verb)

záyin 3

יום ראשון:

דני הולך לראות אֶת* החברים שלו, עודד ומירב. הבית של דני ברחוב יעקב. הוא הולך מהבית שלו אל הבית של עודד ומירב ברחוב בנימין. בבית שלהם הוא יושב ואוכל ארוחת ערב, ואז הם רואים סרט בטלוויזיה.

*את is a marker of a definite direct object. It has no lexical meaning and will be further discussed in §9.4.

יום שני:

מיכל נוסעת אל החברה שלה, נעמי. שם מיכל ונעמי עושות שיעורים ומדברות על האוניברסיטה ועל החברים שלהן בארץ ובאמריקה. מהבית של נעמי מיכל חוזרת לבית שלה ואז היא נוסעת לאוניברסיטה.

יום שלישי:

עודד קונה אוכל בשביל ההורים* שלו. הוא קונה בשבילם בשר, ירקות ופירות בשוק ואז הוא נוסע באוטובוס לבית שלהם.

*parents

יום רביעי:

מירב עוזרת לבוסית שלה, נעמי, לקרוא מכתבים במשרד. היא גם עוזרת לה לכתוב מכתבים. נעמי קונה בשבילן ארוחת-צוהריים וארוחת-ערב במסעדה בבניין.

z2

יום חמישי:

דוויד נוסע מירושלים לחיפה לראות את החברה שלו, מיכל. הוא נוסע לשם בבוקר וחוזר בערב. אם אין מקום באוטובוס של שעה שש מחיפה לירושלים דוויד חוזר באוטובוס של שמונה.

יום שישי:

ביום שישי בערב מירב הולכת אל ההורים שלה. הבית שלהם ברחוב הֶרצֶל.

היא הולכת בשש וחוזרת לבית שלה בתשע. אז היא הולכת אל דני או דני בא לבית שלה.

שבת:

אם יפה בחוץ, עודד ויגאל הולכים לים או עושים טיול בַּכַּרְמֶל. אם לא, הם יושבים בבית שלהם וקוראים עיתונים.

z3

➾ **Vocabulary notes:**

The word אֶרֶץ has a peculiarity: Its definite form הָאָרֶץ is different from its non-definite form. This phenomenon is very rare in Hebrew. הָאָרֶץ demonstrates one of the functions of definiteness in Hebrew. Much like an emphasized **the** in English, it makes the following noun an item of the greatest significance or magnitude (as in "this is **the** book"— this is the best book, the most important book, etc.).

The word חוץ can be used in combination with the preposition -מ to suggest an exception:

הסטודנטים שלנו אוהבים לעבוד, **חוץ מ**דוויד. הוא אוהב רק לדבר.

אני לא רוצה לקרוא עיתונים עכשיו כי אני צריך לעבוד. **חוץ מ**זה, אני לא אוהב לקרוא עיתונים.

The combination -חוץ מ is used here as "except for." The expression חוץ מזה is parallel to the English "besides."

The expression חוץ-לארץ, *abroad*, is often abbreviated to חו״ל and pronounced as a word חוּל:

מירב לא כאן, היא בחו״ל. היא נסעה לאירופה!

אז is often combined with מה to convey the idea of *So what?*

אני לא מדבר עברית מהר. אז מה? אני מדבר טוב מאוד!

Make sure to distinguish between נסע which means *travel by means of a vehicle* and הלך which means *walk, go*. Both may be rendered in English as *go* (He goes to Houston every week; Where are you going?).

Make sure to distinguish between עם which means *with* and אם which means *if*.

✍ **Exercise 5: Try a couple of examples of** עם **and** אם

אתה יכול להגיד לי _____ דני פה?

אנחנו הלכנו _____ דורית ודינה לסרט באוניברסיטה.

אני רוצה לבוא _____ עודד לעבודה.

משה אומר: " _____ אתה פה אנחנו יכולים ללכת."

And with נסע **or** הלך

אתם _____ לישראל השנה?

סטודנטים _____ לאכול במסעדה באוניברסיטה.

אני רוצה _____ מתל-אביב לחיפה הבוקר.

אני חושב שדוויד _____ מהמעונות לספרייה בצוהריים.

☺☺ **Oral practice:**

Tell your classmates where you like to go in the summer and winter.

Talk about movies which you have watched.

Tell your classmates about special trips which you took.

§7.2 The absence of "it" as a "dummy pronoun" in Hebrew

While English uses the "dummy pronoun" **it** as a subject place-holder in structures like "it is nice outside," the parallel Hebrew sentence starts directly with the adjective:

יפה בחוץ.

מעניין פה!

קשה לעבוד בלילה.

לא טוב לגור פה.

think	חָשַׁב (לַחֲשֹׁב, לַחְשֹׁב לחשוב)
that, who, which (subordinating particle)	שֶׁ-
weather	מֶזֶג-אֲוִיר (ז., מזג-אוויר)
go down, come down, fall (rain, snow)	יָרַד (לָרֶדֶת)
rain (noun)	גֶּשֶׁם (ז.)
rainy	גָּשׁוּם
sky	שָׁמַיִם (ז. רבים, שמיים)
clear, light, sunny	בָּהִיר
cloud	עָנָן (ז.)
cloudy	מְעֻנָּן (מעונן)
snow (noun)	שֶׁלֶג (ז.)
hail (noun)	בָּרָד (ז.)
wind, spirit	רוּחַ (ז. או נ., ר. רוּחוֹת)
humid	לַח
sun	שֶׁמֶשׁ (ז. או נ.)
dry (adjective)	יָבֵשׁ
liberty, freedom, vacation	חֹפֶשׁ (ז.,חופש)
each, every, all	כֹּל, כָּל

záyin 3

☺☹ **Oral practice: Apply your knowledge**

Based on the rules of vowel-reduction (§5.6), can you produce the f.sg. and plural forms of בָּהִיר, גָּשׁוּם and יָבֵשׁ?

What would be the plural forms of גֶּשֶׁם and שֶׁלֶג ?

How would you say in Hebrew "It is cold outside"? "It is hot outside"? and "It is humid outside"? (Remember, there is no "dummy pronouns" in Hebrew!)

היום מזג-אוויר יפה בחוץ. השמיים בהירים--יש שמש ואין עננים. לא חם ולא קר. אבל אתמול ירד פה גשם והיה ברד.

באנקורֶג', אלסקה, קר מאוד. מעונן ויורד שלג כל הזמן.

בישראל אין שלג בחורף כי לא קר. רק בירושלים ובַחֶרְמוֹן יש שלג. אנשים נוסעים לעשות סְקִי בחרמון.

בתל-אביב חם ולח מאוד בקייץ. גם באילת חם, אבל יבש. אנשים נוסעים לחופש באילת אם הם אוהבים מזג-אוויר חם ויבש. אנשים שלא אוהבים מזג-אוויר חם נוסעים בקייץ לאֵירוֹפָּה. אבל הרבה אנשים באירופה שאוהבים את השמש באים בקייץ ובחורף לאילת.

z4

מה את חושבת על תל-אביב?

אני חושבת שתל-אביב מקום יפה ומעניין, כי באים לשם אנשים ממקומות רבים.

מה מזג האוויר באילת?

בקייץ חם מאוד. אם את לא אוהבת מזג-אוויר חם ויבש, את לא צריכה לנסוע לאילת בקייץ. לא חם באילת בחורף, אבל גם לא קר. אנשים אומרים שטוב לגור באילת. אם את אוהבת לנסוע לטיולים, את יכולה לנסוע מאילת לעֲקַבָּה בּיַרְדֵן או לטַאבָּה במִצְרַיים.

z5

☺😐 **Oral practice:**

Talk about the weather. Bring different weather maps and charts to class and discuss them.

➵ **Vocabulary notes:**

The word חופש has a feminine parallel, חוּפְשָׁה, which is used in a more restricted manner in the sense of *vacation, break.*

The expression מזג-אוויר literally means *the air's nature/temperament.*

§ 7.3 The subordinating particle -ש

Hebrew uses the conjunction -ו to connect independent elements or sentences.

הסטודנט יושב בספרייה ולומד.

אנשים לא אוהבים מזג-אוויר חם, והם נוסעים בקייץ לאֵירוֹפָּה.

When, however, one sentence is dependent upon another or is subordinated to it, the particle -ש is used:

הסטודנט שיושב בספרייה לומד.

אני חושב שהיום יפה בחוץ. יש רוח, אבל נעים.

אתה יכול להגיד למיכל שהיא צריכה לבוא לכאן מהר?

אנשים שלא אוהבים מזג-אוויר חם נוסעים בקייץ לאֵירוֹפָּה.

✍ **Exercise 6: Combine the sentences, subordinating one to the other with -ש**

האיש יושב בספרייה. האיש קורא ספר.

<u>האיש שיושב בספרייה קורא ספר.</u>

<u>האיש שקורא ספר יושב בספרייה.</u>

1. הסטודנטים לומדים בשיעור שלנו. הסטודנטים יושבים פה.

____

____

2. האיש מדבר כל הזמן. האיש לא נותן לי לעבוד בשקט.

____

____

3. הסטודנטיות ישבו בספרייה.   הסטודנטיות למדו בשקט.

Be sure to distinguish between the question word מי and the particle -ש. Both translate as *who*, a fact which often confuses students who are English speakers. Remember that מי is used only in questions! Declarative sentences follow the example of

האיש שהולך ברחוב מדבר עם דינה.

and not

האיש מי הולך ברחוב מדבר עם דינה. (לא טוב!)

➥ **Vocabulary notes:**

The noun זמן "time" indicates a span of time or an unspecified reference to time. It is rarely used in the plural. Make sure to distinguish between that *time* and שעה *hour*, which English may also translate as *time* (as in "What time is it"?)

The words קר and חם can be modified to indicate a lighter degree: קריר means *cool* and חמים means *slightly warm*.

The words רוח and שמש are two of the few Hebrew nouns which are assigned both the masculine and feminine gender. Most native speakers regard both as feminine nouns.

§ 7.4 On the pronunciation of the word כל

כל is vocalized either as כֹּל or as כָּל. In both cases it is pronounced *kol*. This is one of the instances in Hebrew where a *kamats* indicates an "o" sound rather than an "a" one. Words with such a *kamats* (*kamats katan*) are fairly rare, and will be noted as they appear in our text. A word with a *kamats katan* which was introduced earlier was צָהֳרַיִם (unit 6). (See also the Kibbutz name יַד-מָרְדְכַי in reading selection d2).

§ 7.5 More about definiteness

As stated earlier, definiteness is expressed by the definite article, which in Hebrew is the prefix -ה. When compound nouns like מזג-אוויר are definite, the article is always prefixed to the **second** noun in the pair:

מזג-האוויר יפה היום!

ארוחת-הבוקר שלי קרה!

This will explain the definiteness when כל is used: Since כל is a noun literally meaning "entirety," to say "all the children" or "all the friends" one is actually using compound nouns: (Entirety-of-children) and (entirety-of-friends). That is why Hebrew requires

כל החברים באו לעזור לי. (The entirety of the friends came to help me)

כל הילדים אוהבים לראות סרטים בטלוויזיה.

כל היום ישבתי בבית.

לא כל האנשים באילת אוהבים מזג אוויר חם.

Compare, however, similar phrases without the article, such as כל שבוע, כל יום (every week, every day):

אני לומדת באוניברסיטה כל יום.

היא נסעה לסופרמרקט כל שבוע.

הם אהבו כל סיפור שסיפרנו להם.

ישבתי בבית כל יום.

Exercise 7: Produce the following sentences in Hebrew. For additional practice vary their elements

1. Every movie that we saw was interesting.
2. All the movies that we saw were interesting.
3. Every student loved the university.
4. All the students loved the university.
5. I studied hard every day.
6. I studied hard all day ~~long~~.
7. He is in Mexico every summer.
8. He is in Mexico ~~for~~ the whole summer.

A side note on compound nouns:

One of the defining elements in English compound words is that the primary stress falls on the first word: Héating system, wátermelon. In contrast, in Hebrew the primary stress in such words falls on the last word: ארוחת-הבוקר ,מזג-האוויר
In fact, both languages maintain the same rule: The primary stress is assigned to the modifier which in English precedes and in Hebrew follows the modified element.

§ 7.6 Predicative adjectives and definiteness

As stated earlier, adjectives and nouns agree in gender and number (§6.4). In addition, when they occur together in a phrase, they must agree in definiteness as well:

הארוחה **ה**טובה עלתה כסף רב.
הבשׂר **ה**קר טעים מאוד.

When a definite adjective is negated, the ה precedes the לא before the adjective:

אני לא רוצה ללמוד מ**ה**ספר **הלא** מעניין.

However, when an adjective functions as a predicate (the part which, together with the subject, creates a full sentence), it does **not** agree with the noun-subject in definiteness:

הארוחה טובה מאוד. [The meal (subject) is (linking verb) very good (predicate)]
הבשׂר קר היום. [The meat (subject) is (linking verb) cold today (predicate)]

✍ **Exercise 8: Fill in the blanks with the adjectives in parenthesis, paying attention to agreement in gender, number and definiteness and to the function of the adjective (predicate or phrase complement)**

1. קנינו ארוחה (טוב)________________ אתמול.
2. הספרים (מעניין)________________ בַּספרייה (גדול)________________.
3. אתה יכול לקנות בשבילי לימונדה (קר)________________?
4. הסטודנטים (חדש*)________________ באו לשיעור בזמן. *new
5. מזג-האוויר (טוב)________________ היום.

6. הסרטים פה (לא מעניין) ______________________.

7. הסלטים בקפטריה (טרי) ______________________.

☺☹ **Oral practice:**

Tell the class about places you have traveled to, or would like to go to, because of their weather.

Using the diagrams below, talk about the weather during every day of the week.

יום ראשון

יום שני

יום שלישי

יום רביעי

יום חמישי

יום שישי

שבת

(images courtesy of KVUE24, Austin)

✍ **Exercise 9: Produce the following sentences in Hebrew. For additional practice, vary their elements**

1. I bought food and cold drink(s) for my friends.
2. We are going to Israel in the fall.
3. Karen didn't give me salad with the meal.
4. It is sunny and hot in Eilat in the summer.
5. Our professor (f) likes to help students in class.
6. It is rainy and cold outside now. We should stay (sit) at home.
7. His friends paid for his vacation in Canada.

8. The skies are clear. There are no clouds, but it is very humid.
9. Is the house large or small?
10. Is the book for us?
11. We traveled abroad in the summer.
12. It rained yesterday, but today it is nice outside.
13. Did you see an interesting movie in the summer?

✍ **Exercise 10: Write a log of the weather during the week. Start today.**

✍ **Exercise 11: Study the difference between the following pairs. Translate the sentences into English**

החברים שלי טובים/ החברים הטובים שלי

הסטודנט טוב בכיתה/ הסטודנט הטוב בכיתה

הספר המעניין בשבילי/ הספר מעניין בשבילי

התיירים הרבים מאמריקה/ התיירים מאמריקה רבים

הסלט הטרי בקפטריה/ הסלט בקפטריה טרי

האישה הרעה בַחנות/ האישה בַחנות רעה

הסיפור המשעמם בספר שלנו/ הסיפור בספר שלנו משעמם

הסטודנטית בְאוניברסיטה טובה/ הסטודנטית בָאוניברסיטה טובה

הטיול טוב בשבילנו/ הטיול הטוב בשבילנו

סיפור לארבע עונות

Unit chet

יחידה ח

בראיון

Looking for a Job

chet 1

₪

question	₪ שְׁאֵלָה (נ.)
question words	₪ מִלּוֹת-שאלה
which? what?	אֵיזֶה, אֵיזוֹ, אֵילוּ?
who?	מי?
what?	מה?
where?	איפה?
where to?	לאן?
from where?	₪ מֵהֵיכָן, מֵאַיִן?
when?	מתי?
how much, how many?	₪ כַּמָּה?
why, for what purpose?	למה?
why, for what reason?	₪ מַדּוּעַ?
in order to	₪ כְּדֵי
how?	איך?

§ 8.1 More on information questions

The question איזה, *which* or *what*, introduced in unit *heh*, has a m.sg. (איזה), f.sg. (איזו), and plural (אילו) variants. While many native speakers do not make a distinction between the three and use איזה for all, a more educated speaker will use the three forms as necessary:

איזה ספר אתה קורא?

איזו מורה מלמדת היום?

אילו ארוחות אני יכול לקנות פה?

Much like the distinction between איפה *where* and לאן *where to* (unit *heh*), Hebrew uses different words for*where* איפה and*where from* מאין.

איפה אתה?

מאין אתה בא?

Many native speakers use the word איפה as the basis to all questions regarding location:

איפה אתה?

לאיפה אתה הולך?

מאיפה אתה בא?

The word כמה *how many, how much* can be used in an affirmative sentence in the sense of *some, a few* or *a couple of*:

אני הולך לספרייה כי אני צריך כמה ספרים בשביל העבודה שלי.

את יכולה לתת לי כמה שקלים בשביל לקנות שתייה?

A similar use is common with איזה which implies "a certain," "some":

אני רוצה לראות את פאריז באיזה חופש.

אנחנו יכולים לבוא לפה באיזה בוקר.

Formal Hebrew makes a distinction between questions which inquire about a reason and questions which inquire about a purpose. While in general למה is the question used for *why* in both senses, in the formal language it is restricted to questions about the purpose of an action; מדוע is the question used for inquiries about reason. In the answer one often uses the word כדי *in order to* for למה and כי *because* for מדוע:

מדוע אתה לא כותב לי מכתב? אני לא כותב כי אני לא רוצה לכתוב.

למה אתה יושב פה? אני יושב פה כדי לראות את השמש עולה.

Most native speakers will use למה in both questions.

למה אתה לא כותב לי מכתב? אני לא כותב כי אני לא רוצה לכתוב.

למה אתה יושב פה? אני יושב פה כדי לראות את השמש עולה.

Note that כדי is always followed by an infinitive, much like "in order (to)" in English.

A note on pronunciation: Some native speakers stress the last syllable in words such as איזה, למה, כמה, איפה . Most speakers, however, stress the first one:

איזה, למה, כמה, איפה.

Exercise 1: Fill in the blanks with the question words that correspond to the underlined part in the answers

1. - __________ הלכתן לקפטריה? - הלכנו לשם בשעה שבע.
2. - __________ את לומדת? - אני לומדת בספרייה.
3. - __________ רוצה לנסוע איתנו? - מירב רוצה לנסוע איתכם.
4. - __________ אתם נוסעים? - אנחנו נוסעים לניו יורק.
5. - __________ ספרים הוא אוהב לקרוא? - רק ספרים טובים באנגלית.
6. - __________ הן כותבות? - הן כותבות יפה אבל לאט.
7. - __________ השעה עכשיו? - עכשיו שלוש.
8. - __________ אתה הולך למשרד? - אני הולך לשם כי אני צריך לעבוד עכשיו.
9. - __________ שתיתם הבוקר? - שתינו תה וקפה.
10. - __________ נסעת לישראל? - נסעתי כדי לראות חברים שלי.
11. - __________עיר זאת? - זאת טבריה.

Exercise 2: Choose between לאן and איפה

1. __________ אתן לומדות?
2. __________הן עכשיו?
3. __________ אתם הולכים הלילה?
4. __________ הוא נוסע הקייץ?
5. __________ הדירה של דוויד?
6. __________הם גרים?
7. __________ משה נוסע בחמש?

Exercise 3: Complete the following sentences

1. אני לומד עברית כדי______________________________
2. הם נסעו לישראל כדי______________________________
3. קנינו קוקה-קולה כדי______________________________
4. הלכנו לספרייה כדי______________________________
5. נסעתן לחנות כדי______________________________
6. הן באו בזמן כדי______________________________
7. ביקשנו טלוויזיה בשביל הדירה שלנו כדי______________________________
8. היא באה לביית כדי______________________________

ח

מַשֶׁהוּ	something
מִישֶׁהוּ	someone
אוּלַי	perhaps, maybe
קִבֵּל (קיבל, לקבל)	receive, get
בֵּית-סֵפֶר (ז., ר. בתי-ספר)	school
עַל-יַד	near, next to
תְּשׁוּבָה (נ.)	answer (noun)
כְּשֶׁ-	when, at the time that...
נָכוֹן	correct (adjective)

chet 2

מיכל: נעמי, איזה יום היום?

נעמי: היום יום חמישי.

מיכל: אז מדוע את לא בעבודה?

נעמי: אני לא בעבודה כי אני בחופש השבוע. מיכל, חשבתי על משהו: אולי את רוצה ללכת לסרט? קראתי בעיתון שיש סרטים טובים בָּעיר.

מיכל: למה לא? אני לא בחופש, אבל אנחנו יכולות ללכת לסרט בערב.

אלעד: יובל, מאין באת?

יובל: באתי מתל אביב, ואני נוסע עכשיו לטבריה. מאיפה אתה באת, אלעד?

אלעד: באתי מירושלים.

יובל: ולאן אתה נוסע?

אלעד: אני נוסע לקריית-שמונָה.

ch1

אביב: רוויטל, אולי את יודעת איזו מסעדה פה טובה?

רוויטל: אני לא יודעת איזו מסעדה פה טובה, אבל אני יודעת שכל המסעדות פה יקרות מאוד. אולי אתה רוצה ללכת למסעדה ברחוב שלי? כל המסעדות שם קטנות ונקיות, והאוכל זול וטוב. אני מַכִּירָה מסעדה סינית טובה מאוד. היא על-יד הבית שלי.

מיכאל: אסתר, אולי את יודעת למה דוויד נסע לחיפה אתמול?
אסתר: הוא נסע לחיפה לראות את ההורים* שלו. *parents
מיכאל: איפה הם גרים?
אסתר: הם גרים בבית קטן על הכַּרְמֶל. מדוע אתה שואל?
מיכאל: אני שואל כי גם אני נוסע לחיפה. את אולי לא
יודעת, אבל אני גרתי בחיפה כשהייתי* *when I was
ילד קטן.
ch2
אסתר: גם אתה גרת על הכרמל?
מיכאל: לא, גרתי על-יד הַיָּם*. *sea

משה: מישהו פה יודע מה השעה?
רונן: השעה שלוש. למה אתה שואל? איפה השעון שלך?
משה: השעון שלי פה, אבל משהו לא בסדר עם השעון. השעה בשעון עשר
ואני יודע שעכשיו לא עשר.

שרה: חנה, את שאלת שאלה קשה. אני לא יודעת מי יכול לתת לך תשובה!
חנה: אני יכולה לכתוב לעיתון ולקבל תשובה ממישהו שם.

יצחק: שרה, ראית את משה אתמול?
שרה: לא. ראיתי אותו* ביום שני. למה? *him
יצחק: משה אמר לי שהוא היה* פה אתמול, ואני חושב שזה לא נכון. הוא
היה פה ביום שני! *he was

שרה: אני רואה את הילדים שלך כל בוקר כשהם הולכים לבית-הספר, אבל
אתמול לא ראיתי אותם*! *them
יעל: אתמול הם לא הלכו לבית-הספר כי אני בחופש ונסענו
לטיול.
ch3

➛ **Vocabulary notes:**

מישהו and משהו are combinations of three elements, contracted into one word:

מה + ש + הוא = משהו

(what, whatever + that + it)

מי + ש + הוא = מישהו

(who, whoever + that + it)

על-יד is a compound preposition literally meaning *on the hand*, an expression which is a physical illustration of proximity. When suffixes are added to על-יד, they follow the model of בשביל introduced in unit *záyin*, with an additional vowel change in the 2nd person plurals: על-יֶדכם and על-יֶדכן. Most native speakers, however, will say על-יַדכם and על-יַדכן.

The word תשובה comes from ש.ו.ב, return. This root is commonly used in a short verb carrying that meaning (שבתי, שבנו, לשוב etc.), and the word is also used in the religious sense of *returning*, that is, re-adopting religious practices after having abandoned them.

The word בית-ספר is often abbreviated to ביי"ס . It is used only in the context of elementary, middle, high school, or a professional school but not in reference to colleges or universities.

§ 8.2 כש- and מתי as *when*

Make sure to distinguish between כש- as *when* in the affirmative sentences and the question word מתי *When?* . Learners who are English speakers tend to use מתי for both because English, unlike Hebrew, does not distinguish between the two.

כשהוא קרא עברית הוא קרא לאט מאוד, אבל אנגלית הוא קרא מהר. (לא נכון: מתי הוא קרא עברית הוא קרא לאט מאוד)

אני הולך לאוניברסיטה כשהבוקר בא. (לא נכון: אני הולך לאוניברסיטה מתי הבוקר בא)

The distinction becomes easier if one thinks of כש- as *at the time that* and of מתי as *when?*.

Note that a question does not have to be direct in order for us to use מתי. It is used in indirect questions as well.

מתי הוא בא לשיעור?

שאלתי אותו מתי הוא בא לשיעור.

Formal Hebrew prefers prefixing -כש to the verb and reversal of subject-verb order:

אני הולך לאוניברסיטה כשבא הבוקר.

✍ **Exercise 4: Choose between -כש and מתי**

ראיתי אותו* ברחוב ____________הוא בא לכאן. *him

אולי את יודעת ____________היא צריכה לבוא לבית שלנו?

אני צריך לחשוב ____________טוב ללכת לעבודה הבוקר.

אני למדתי ____________הוא עבד.

אני חושבת שהן לא יודעות ____________אנחנו הולכות לאוניברסיטה היום.

§ 8.3 Third person pronouns as linking elements

While Hebrew does not have a "be" verb in the present tense, it often uses in its place the 3rd person pronouns הוא , היא , הם and הן when the predicate is a noun:

דוויד הוא החבר של רונית.

שירה היא המורה שלי.

משה ומיכאל הם סטודנטים שלי.

דינה ורחל הן סטודנטיות בכיתה של רון.

All these sentences are perfectly correct without the pronouns. When used, these pronouns serve as linking elements. The 3rd person pronoun as such an element is referred to in Hebrew as אוֹגֵד, *binder*.

street scenes

✍ **Exercise 5: Write eight sentences, repeating the same sentence with and without the אוֹגֵד following the examples below**

דינה המורה של דורית. דינה היא המורה של דורית.

שבת יום מעניין. שבת הוא יום מעניין.

§ 8.4 היה in the past tense

The forms of היה in the past tense are parallel to those of קנה and רצה that were introduced in unit *dálet*:

הָיָה (הייה, לִהְיוֹת)

chet 2

הָיִיתִי

הָיִיתָ

הָיִית

הוא הָיָה

היא הָיְתָה

הָיִינוּ

הֱיִיתֶם

הֱיִיתֶן

הם/הן הָיוּ

לִהְיוֹת או לא להיות?

☺☹ **Oral practice:**

Work in groups. Talk about places you have visited and then ask each other questions such as "Where were you yesterday?", "Where was he last week?"

✍ **Exercise 6: Rewrite in the past tense**

1. אני בכיתה. ______________________
2. הוא החבר של שרה. ______________________
3. הן באוניברסיטה היום. ______________________
4. אתה סטודנט טוב? ______________________
5. שירה היא המורה שלי. ______________________
6. מזג האוויר נעים. ______________________
7. השמיים בהירים. ______________________
8. בית הספר ברחוב דיזנגוף. ______________________
9. התשובה לא נכונה. ______________________
10. הארוחות כאן טובות מאוד. ______________________

§ 8.5 Vocal, composite, and silent schwas

The *heh* in הֱיִיתֶם and הֱיִיתֶן takes the composite schwa ֱ because the *heh* does not lend itself to pronunciation with a schwa (§2.4, cf. קְנִיתֶם). Most native speakers, however, will maintain the stress on the second syllable and say הָיִיתֶם and הָיִיתֶן (cf. כְּתַבְתֶּם in unit 4).

Although the *heh* does not lend itself to pronunciation with a schwa, the infinitive לִהְיוֹת seems to suggest that it does. As mentioned in the preliminary discussion of Hebrew vowels, a schwa has different values, from a "zero vowel" (or a marker of a syllable break) to a "vocal schwa," a very short "e." The "zero vowel" or the "silent schwa" may at times occur with א ה ח and ע: לִהְ-יוֹת, לַחְ-שׁוֹב. The vocal schwa, however, is the one which consistently gains a vowel color and becomes a composite schwa: הֱיִיתֶם, עֲבוֹדָה אֲנִי . As one may deduce from the examples, a schwa at the beginning of a word (and similarly at the beginning of a syllable) is always vocal, and a schwa which closes a syllable is silent.

₪

מה אתם רוצים להיות?

gardener	₪ גַּנָּן (ז., נ. גַּנֶּנֶת)
driver	₪ נֶהָג (ז., נ. נַהֶגֶת)
secretary	₪ מַזְכִּיר (ז., נ. מזכִּירָה)
lawyer	₪ עוֹרֵךְ-דִּין (ז., נ. עוֹרֶכֶת-דין)
politician	₪ פּוֹלִיטִיקַאי (ז., נ. פוליטיקָאִית)
mailman	₪ דַּוָּר (ז., נ. דַּוָּרִית דוור/ית)
reporter, correspondent	₪ עִתּוֹנַאי (ז., נ. עתונָאִית עיתונאי/ת)
actor, player	₪ שַׂחְקָן (ז., נ. שחקנית)
salesman	₪ איש-מְכִירוֹת (ז., נ. אֵשֶׁת-מכירות)
insurance agent	₪ סוֹכֵן-בִּטּוּחַ (ז., נ. סוֹכֶנֶת-בִּטּוּחַ ביטוח)
principal, director	₪ מְנַהֵל (ז., נ. מְנַהֶלֶת)
farmer	₪ חַקְלַאי (ז., נ. חקלָאִית)
librarian	₪ סַפְרָן (ז., נ. ספרנית)

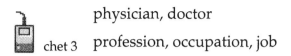

רוֹפֵא (ז., נ. רופאָה) — physician, doctor

מִקְצוֹעַ (ז., ר. מקצועות) — profession, occupation, job — chet 3

שאלנו את הילדים בכיתה מה הם רוצים להיות כשיִהְיוּ* גדולים, ולמה: *they will be

משה רוצה להיות גנן כי הוא אוהב טֶבַע*. *nature

טליה רוצה להיות נהגת כי היא אוהבת לנסוע.

רונן רוצה להיות מזכיר של עורך-דין כי הוא חושב שזה מקצוע טוב.

קרן רוצה להיות עורכת-דין כי היא רוצה לעזור לאנשים ולהַרְוִיחַ* הרבה כסף. *earn

אסף רוצה להיות פוליטיקאי כי הוא חושב שהוא יודע מה טוב בשביל הארץ שלנו.

ליאת רוצה להיות דוורית כי היא אוהבת לכתוב מכתבים והיא יודעת שאנשים אוהבים לקבל מכתבים.

ch4

יעקוב רוצה להיות עיתונאי כי הוא אוהב לקרוא עיתונים ולכתוב על פוליטיקה.

נעמי רוצה להיות שחקנית בסרטים כי היא אוהבת לשַׂחֵק*. היא חושבת שהיא טובה מאוד, ורוצה לקבל "אוֹסקַר" כשהיא תִּהְיֶה** גדולה. *to act **she will be

ירדן רוצה להיות איש-מכירות או סוכן-ביטוח. הוא אוהב לדבר עם אנשים, וחושב שהוא יכול להַרוויחַ הרבה כסף.

ch5

יוסף רוצה להיות מורה או מנהל של בית-ספר כי הוא אוהב ללמד ילדים.

אורית רוצה להיות ספרנית בספרייה קטנה כי היא אוהבת לקרוא ובספרייה יש ספרים רבים וזמן לקרוא בשקט. בספרייה גדולה יש ספרים, אבל אין זמן לקרוא.

רותם רוצה להיות חקלאי כי הוא אוהב לעבוד בחוץ בשמש ולראות כמה הכל יפה.

Can you tell where the famous American sport sandals Tevas got their name? The man who designed them, Mark Thatcher, spent some time in the Negev desert, and the sandals are the result of his hiking experience.

The word חקלאי demonstrates the importance of stress in Hebrew: Depending on the placement on the stress, the word changes its meaning and role:

farmer (noun)	חקלַאי
agricultural (adjective)	חקלָאִי

Also note how in חקלאי the *alef* is silent, and in חקלאי it maintains its full consonantal value.

The same happens with עיתונאי:

reporter (noun)	עיתונַאי
journalistic (adjective)	עיתונָאִי

משה חקלאי. הוא למד בבית-ספר חקלאי.

יעקב עיתונאי. הוא אוהב עבודה עיתונאית.

Many native speakers do not make this distinction and use a final word stress for both noun and adjective.

➸ **Vocabulary notes:**

From the root ג.נ.נ comes the noun גַּן which can be used in combinations such as גן-ילדים (kindergarten) and גַּן-חַיות (zoo). The word גנן will change its meaning accordingly from gardener to kindergarten teacher or zookeeper.

The word מזכיר comes from the root ז.כ.ר which carries the meaning *remember.* It is related to a verb from the same root in the הפעיל pattern (see unit *dálet*) which carries a causative meaning. The verb in that pattern means *to remind*, and the word מזכיר literally means *he who makes one remember.* From that root comes the word זכר *male, masculine*, which suggests that one is remembered through his male descendants. This cultural notion, common in Middle Eastern and many other cultures, is evident in the practice of a woman assuming her husband's family name after her marriage.

The word עורך-דין is often abbreviated as עו״ד.

☺☺ **Oral practice: Apply your knowledge**

What will be the definite forms of עוֹרֵךְ-דִּין, אִישׁ-מְכִירוֹת, סוֹכֵן-בִּטוּחַ,
בֵּית-סֵפֶר ?

Talk about the professions of people whom you know.

חɪ

area of study (major)	₪ מקצוע-לימוד (ז.)	
math	מַתֵמָטִיקָה (מתימטיקה)	
physics	₪ פִיזִיקָה (נ.)	
chemistry	₪ כִימְיָה (נ.)	
biology	₪ בִּיוֹלוֹגְיָה (נ.)	
zoology	₪ זוֹאוֹלוֹגְיָה (נ.)	
geography	₪ גֵּיאוֹגְרַפְיָה (נ.)	
political science, government	₪ מַדָּעֵי-הַמְּדִינָה (ז. ר.)	
psychology	₪ פְּסִיכוֹלוֹגְיָה (נ.)	
sociology	₪ סוֹצִיוֹלוֹגְיָה (נ.)	
communication	₪ תִּקְשֹׁרֶת (נ. תקשורת)	
education	₪ חִנּוּךְ (ז. חינוך)	
engineering	₪ הַנְדָּסָה (נ.)	
Middle-Eastern studies	₪ לִמּוּדֵי הַמִּזְרָח הַתִּיכוֹן (ז.ר.)	
business (study area)	₪ מִנְהַל-עֲסָקִים (ז.)	
economics	₪ כַּלְכָּלָה (נ.)	
music	₪ מוּזִיקָה (נ.)	

 chet 4

☺☺   **Oral practice:**

Tell your classmates what your major is and why you chose it.

✍ **Exercise 7: Produce the following sentences in Hebrew. For additional practice, vary their elements**

1. Where was he yesterday? Why did he not come here?

2. I studied education at the University of Texas at Austin.

3. He wants to study psychology because he wants to know how people think.

4. She wanted to study geography because she wanted to know about places and people.

5. You do not need to study economics in order to know where to buy things.

6. Can you give me the name of a good lawyer?

7. The music here does not let me think!

8. When we came to the house he was not there.

9. I wanted to be here when you came from (the) work.

10. Can somebody tell me what time it is?

Unit tet

יחידה ט

₪

Buying Clothes
קונים בגדים

tet 1

₪ לָבַשׁ (ללבוש)	wear (clothing)
₪ מָדַד (למדוד)	try on, measure (verb)
₪ נָעַל (לנעול)	put on (shoes, sandals, boots, etc.)
₪ חָבַשׁ (לחבוש)	put on (a hat, a wig, a skullcap, etc.)
₪ גָּרַב (לגרוב)	put on (socks)
₪ הִרְכִּיב (לְהַרְכִּיב)	put on (glasses)
₪ בֶּגֶד (ז.)	garment, cloth
₪ קְנִיָּה (נ., קנייה)	buying, purchase (noun)
₪ מְכִירָה (נ.)	selling, sale
₪ הֲנָחָה (נ.)	discount
₪ מָכַר (למכור)	sell
₪ חֻלְצָה (נ., חולצה)	shirt
₪ חֻלְצַת-"טִי" (נ., חולצת "טי")	t-shirt
₪ שִׂמְלָה (נ.)	dress (noun)
₪ חֲצָאִית (נ.)	skirt
₪ נַעַל (נ., ר. נַעֲלַיִם נעליים)	shoe
₪ נַעֲלֵי-הִתְעַמְּלוּת (נ.ר.)	sneakers, tennis shoes
₪ כּוֹבַע (ז.)	hat
₪ גֶּרֶב (ז., ר. גַּרְבַּיִם גרביים)	sock
₪ סַנְדָּל (ז.)	sandal
₪ תַּחְתּוֹנִים (ז. ר.)	briefs, panties
₪ גּוּפִיָּה (נ., גופייה)	undershirt
₪ חֲזִיָּה (נ., חזייה)	bra
₪ שַׁרְווּל (ז.)	sleeve
₪ מִשְׁקָפַיִם (ז. ר., משקפיים)	glasses

sunglasses	מִשְׁקְפֵי-שֶׁמֶשׁ (ז.)
pants, slacks	מִכְנָסַיִם (ז., מכנסיים)
jeans	מִכְנְסֵי-גִ'ינְס (ז.)
coat, jacket	מְעִיל (ז.)
sweater	סְוֶדֶר (ז., סוודר)
pair, couple (noun)	זוּג (ז., ר. זוגוֹת)

tet 2

כשחם בחוץ, דוויד לובש גופייה או חולצה עם שרוולים קצרים ומכנסיים קצרים, מרכיב משקפי-שמש וחובש כובע. אבל כשקר הוא לובש מכנסיים ארוכים, חולצה עם שרוולים, סוודר ומעיל.

בקייץ רינה נועלת סנדלים, אבל בחורף היא גורבת גרביים חמים ונועלת נעליים.

כשאני באה לאוניברסיטה, אני לובשת חולצת-טי ומכנסי-ג'ינס. אני נועלת נעלי-ספורט כי אני הולכת הרבה בקמפוס.

t1

אני צריכה נעליים חדשות. אני רוצה ללכת לחנות ולקנות לי זוג נעליים.

אני לא רוצה ללבוש גרביים ונעליים היום כי חם! אני רוצה ללבוש סנדלים.

☺☺ **Oral practice:**

Work with a partner. Ask each other questions like the following:

מה אתה אוהב ללבוש כשאתה בא לאוניברסיטה? מה את אוהבת ללבוש כשאת באה לאוניברסיטה? מה אתה לובש עכשיו? מה את לובשת עכשיו? מה אנשים לובשים בקייץ? בחורף?

§ 9.1 Compound nouns and patterns of change in nouns

When they appear in compound structures, some nouns may take a form which is different from their form as it stands independently, not in compounds:

חולצת-"טי" (חולצה)

ארוחת-בוקר (ארוחה)

משקפי-שמש (משקפיים)

נעלי-התעמלות (נעליים)

מכנסי-ג'ינס (מכנסיים)

Such changes follow a clear pattern: Independent nouns which end with ָה end with ת- when they appear as the first nouns in compounds. Nouns ending with ים- end with ֵי- as the first nouns in compounds. This characteristic of Hebrew nouns will be discussed in detail in §11.2.

➼ **Vocabulary notes:**

The word קנייה in the plural (קניות) can be used as "shopping" in expressions such as ללכת לקניות or לעשות קניות :

רונית לא אוהבת ללכת לקניות.

דן עושה קניות ביום שישי בבוקר בשביל שבת.

Note that Hebrew uses different verbs for "putting on" different items of clothing. This may be an indication of great cultural interest in apparel! Many native speakers, however, use לבש for all items:

אני לא רוצה ללבוש גרביים ונעליים היום כי חם! אני רוצה ללבוש סנדלים.

The word זוג is often used much like *pair* in English in conjunction with words like גרביים, סנדלים, נעליים ,מכנסיים, and משקפיים, or any clothing item which is associated with a "pair." The word itself is singular.

קניתי אתמול זוג נעליים בחנות אבל הן לא טובות.

אתה יכול לתת לי זוג גרביים נקיים וזוג מכנסיים?

הם זוג יפה!

The word הִתְעַמְּלוּת means *physical exercise.* נַעֲלֵי-הִתְעַמְּלוּת has a synonym, נַעֲלֵי-סְפּוֹרְט

₪

₪ חָדָשׁ	new
₪ יָשָׁן	old
₪ מְיֻחָד (מיוחד)	special

אָרוֹךְ (נ. אֲרֻכָּה, ארוכה)	long
קָצָר	short
מַסְפִּיק	sufficiently, sufficient, enough
מַתְאִים (ל-)	fit, becoming, appropriate
קְצָת	a little bit
נָמוּךְ	short, low
גָּבוֹהַּ	tall, high
תָּמִיד	always
לִפְעָמִים	sometimes
צִיּוּן (ז.)	grade (score)
כִּמְעַט	almost
בְּקֹשִׁי (בקושי)	hardly, with difficulty

tet 3

➵ Vocabulary notes:

Grades ציונים that are commonly used in Israeli report-cards are as follows:

מעולה/מצויין (96-100)   טוב מאוד (90-95)   טוב (80-89)   כמעט טוב (70-79)

מספיק (65-69) מספיק בקושי (55-64) לא מספיק (0-54)

בגדים, בגדים!

השמלה של רוויטל לא מתאימה לה, היא קצת קטנה. רוויטל גבוהה והשמלה קצרה! היא בשביל בחורה נמוכה!

הנעליים של רונן לא מתאימות לרגליים שלו, הן קצת גדולות. הן מתאימות לאבא של רונן כי הן שלו!

מיכל לא אוהבת ללבוש חצאיות. היא תמיד לובשת מכנסיים, קצרים או ארוכים. היא גם לא לובשת שמלות.

t2

החולצה שלי לא מספיק חמה-- אני צריכה
ללבוש חולצה עם שרוולים ארוכים ומעיל.

דינה אוהבת ללבוש בגדים מיוחדים. היא
חושבת שזה עושה אותה* מיוחדת! *her
לפעמים היא קונה בגדים ישנים-- יש בעיר
הרבה חנויות שמוכרות בגדים ישנים. אבל היא
תמיד קונה נעליים חדשות, כי היא לא אוהבת
לנעול נעליים שמישהו נעל.

היום המכירה הגדולה בחנות של שאול.
החולצות הקצרות עולות 20 (עֶשְׂרִים) שקלים,
והחולצות הארוכות עולות 35 (שלושים וחמישה)
שקלים. אני צריכה לשאול את שאול כמה אני
צריכה לשלם אם אֶקְנֶה* כמה חולצות קצרות--
אולי הוא יכול לתת לי הנחה! אני חושבת שאני
צריכה לקנות שָׁלוֹשׁ חולצות קצרות--עם הנחה
זאת תִּהְיֶה* קנייה טובה!

t4

*Note the forms אקנה (I will buy) and תהיה (it will be): Both are future tense forms and have the typical prefixes: -א for אני and -ת for היא.

shopping

sales

houses and buildings

☺☹ **Oral practice:**

Work in groups. Talk about shopping.

Stage a dialogue between two girls/boys on a shopping trip.
Stage a fashion show.

§ 9.2 Adjectives: Agreement in definiteness (review)

Nouns and their adjectives agree in gender, number, and definiteness (the latter only when the noun and adjective construct a phrase):

the long dress	השמלה הארוכה
the tall woman	האישה הגבוהה
the special garment	הבגד המיוחד
the nice sandals	הסנדלים היפים
the cheap shirts	החולצות הזולות
The sandals are good.	אבל: הסנדלים טובים.
The dress is good for me.	השמלה טובה בשבילי.

In the last two examples, the adjective serves as a predicate (see §7.6).

Study the following pairs which demonstrate the difference between adjectives which serve as predicates and adjectives as components of a phrase:

The sandals are good for me.	הסנדלים טובים בשבילי.
The good sandals are for me.	הסנדלים הטובים בשבילי.

מכנסי הג'ינס זולים במכירה.

מכנסי הג'ינס הזולים במכירה.

השמלה ארוכה בשביל נעמה.

השמלה הארוכה בשביל נעמה.

(similar practice was provided in unit seven)

✍ **Exercise 1: Produce the following sentences in Hebrew. For additional practice, vary their elements**

1. The long shirt is expensive.
2. The shirt is long.
3. She always likes tall guys.

4. The garment is a little short.
5. Is the short garment for me?
6. The clothes here are sometimes cheap but always good.
7. Sabbath is a special day.
8. She is a very special woman.
9. The food is hardly sufficient for the people here.

§ 9.3 The direct object

רציתי בגד חדש.
מה אתה רצית?
אני רציתי בגד חדש.

משה למד עברית באוניברסיטה של טקסס.
מה משה למד?
הוא למד עברית.

דינה כתבה מכתב לרונית.
מה דינה כתבה?
היא כתבה מכתב.

The direct object (in Hebrew מֻשָּׂא יָשִׁיר) usually answers the questions "whom" or "what" in relation to the action of the subject. For example, in "He studied Hebrew," **He** is the subject, **studied** is the verb, or the action taken by the subject, and **Hebrew** is the direct object, answering the question "what did he study?" The direct object connects to its verb directly, unlike an object of a preposition, which is connected to its verb by means of a preposition:

(direct object)	הוא למד עברית.
(object of a preposition)	הוא למד באוניברסיטה של טקסס.
(direct object)	דינה כתבה מכתב.
(object of a preposition)	דינה כתבה בעט.

Sentences very often have more than one object associated with their verb which may take both direct and prepositional objects simultaneously:

הוא למד עברית באוניברסיטה של טקסס.

דינה כתבה מכתב בעט.

§ 9.4 את, the marker of a definite direct object

Hebrew requires that a special direct object marker connect the verb with a direct object when the latter is definite. The marker has no meaning. It only signals that what follows is a definite direct object:

דינה לבשה **את** השמלה החדשה.

אני אוהבת **את** המכתבים של רונן.

דינה כתבה **את** המכתבים שלה בעט.

משה ראה **את** מיכאל בקפטריה.

Unlike the direct objects in the first three sentences above, whose definiteness is marked by a *heh* (השמלה, המכתבים), the definiteness of the object in the fourth sentence is not marked (מיכאל), because proper nouns, which are innately definite, do not need a definite article. Still, since מיכאל is the **definite direct object** of the sentence, it will be preceded by the marker את.

With that in mind, one can examine the questions for which the direct object is an answer:

The most common one is מה "what":

מה דינה כותבת?

היא כותבת מכתב

Another question is את מי *whom*. Since the expected answer is naturally a proper noun or another definite noun, the marker is added to the question word as well as the answer:

את מי אתם רואים? אנחנו רואים **את** שרה.

את מי אתן אוהבות? אנחנו אוהבות **את** החברה של משה.

Even though language names and areas of study are proper nouns, they are not considered definite. They may take a definite article when referred to in a specified context (Dan's English, The Hebrew spoken in the Biblical period):

אני אוהבת עברית.

העברית של משה טובה מאוד.

אני אוהבת את העברית של משה כי היא טובה.

Much like:

אני לומדת הסטוריה.

ההסטוריה של ישראל מעניינת.

אני לומדת את ההסטוריה של ישראל כי היא מעניינת.

Hebrew has a set of pronouns which serve as direct objects, much as "me, him, them" etc. serve as direct objects in English. In Hebrew these object pronouns are formed by the addition of pronominal suffixes to the direct-object marker את with its vowel changed to "o"-- -אות.

אוֹתִי

אוֹתְךָ

אוֹתָךְ

אוֹתוֹ

אוֹתָהּ

אוֹתָנוּ

אֶתְכֶם/אוֹתְכֶם

אֶתְכֶן/אוֹתְכֶן

אוֹתָם

אוֹתָן

Note that the 2nd person plurals have two variants. The formal language prefers אתכם and אתכן.

‎-איפה ראית את מיכאל? ראיתי אותו ברחוב. אבל הוא לא ראה אותי!

‎-רונית, האם אני יכול לראות אותך במשרד שלי מחר בחמש?

‎-טוב לראות אותך, דוויד, וגם אותך, חנה! לא ראיתי אתכם זמן רב!

Study the following sample of sentences with verbs which take direct objects:

אני **אוהבת** את ירושלים.

הם **רואים** אותנו כל יום.

המורה **למדה** את השמות של הסטודנטים בכיתה.

אתה יכול **ללמד** אותי את השיר?

אני **כתבתי** סיפור ארוך.

עוד לא **קראנו** את המכתב שלך.

למה לא **אכלת** את הסנדוויץ׳ שלך?

מי **עשה** את השיעורים?

אני מאוד **רציתי** בית גדול!

משה לא **צריך** את הספר היום.

הם לא **סיפרו** לנו מה היה בשיעור.

שאלתי את הילדים מה הם רוצים לעשות.

✍ **Exercise 2: Study the underlined words, and fill in the blanks with the corresponding inflected form of** את

משה אוהב את <u>דינה</u>. הוא <u>אוהב אותה</u>.

1. אורית חברה <u>שלי</u>. היא אוהבת _____ .

2. עוז קנה <u>נעליים</u> אבל הוא לא נועל _____ עכשיו.

3. <u>הפיתה</u> חמה. אנחנו רוצים לאכול _____ .

4. <u>הספרים</u> של חווה לא מעניינים, אז היא לא רוצה לקרוא _____ .

5. מריים, איפה <u>את</u>? אני לא רואה _____ !

6. <u>את</u> מורה טובה ואנחנו אוהבים _____ .

§9.5 Common errors with את: Omission and over-generalization

Using a definite direct object marker is not a natural language mechanism, and this presents considerable difficulties for students of Hebrew. The most common problem is omission— students tend to "forget" to use the marker with direct objects.

Another problem is over-generalization. Students tend to forget that the marker is used **only** with **definite direct objects**, and add it randomly to any noun which is definite. Examples of errors resulting from over-generalization are the following:

את הסטודנט לומד באוניברסיטה. (לא נכון!)

(The marker is added to a definite subject.)

[הסטודנט לומד באוניברסיטה. נכון!]

אני יושב עם את החברה שלי בקפטריה. (לא נכון!)

(The marker is added to a definite prepositional object.)

[אני יושב עם החברה שלי בקפטריה. נכון!]

דוויד רוצה להיות את החבר שלי. (לא נכון!)

[The marker is added to a definite complement of the subject. The verb היה "to be" never takes direct objects. The same applies to linking verbs in English: David was the king of Israel; David was the enemy of Saul. In both sentences David (the subject) has a complement, and the sentence does not have a direct object.]

[דוויד רוצה להיות החבר שלי. נכון!]

Another difficulty for English speakers stems from the fact that English does not distinguish between subject pronouns and object pronouns of the 2nd person—they are all "you." Hebrew makes clear distinctions between the pronouns, with a different form assigned to each person. Watch out for those, as English speakers tend to use subject pronouns in the object position and vice versa, producing erroneous sentences such as the following:

דינה ראתה את הוא ברחוב. (לא נכון!)

רינה דיברה עם מיכאל ואותו שאל אותה מה נשמע. (לא נכון!)

The correct sentences are the following:

דינה ראתה אותו ברחוב.

רינה דיברה עם מיכאל והוא שאל אותה מה נשמע.

English uses the same pronouns to indicate direct objects and objects of prepositions: The pronoun "me," for example, can be used as a direct object (as in "He saw **me**") and as the object of a preposition (as in "He was talking **about me**"). Hebrew uses different sets for direct objects and objects of prepositions, but

English speakers tend to add prepositions to the direct-object pronoun, as is done in English, or even to subject pronouns, producing erroneous sentences such as the following:

הוא קנה ספר בשביל אותי. (לא נכון!)

דינה ישבה על-יד אני.   (לא נכון!)

The correct sentences are:

הוא קנה ספר בשבילי.

דינה ישבה על-ידי.

Such problems are solved with practice and prolonged exposure to the language in natural contexts.

pronouns

✍ **Exercise 3: Add the direct object marker את when needed. Use an X when את need not be used**

1. מדדתי _____ שמלות בחנות הבגדים.

2. אנחנו לומדים _____ הסטוריה הסמסטר.

3. היא קנתה _____ המכונית שלה מהחברה שלה.

4. תומר רוצה לקרוא _____ העיתון שלך.

5. _____ מי ראית הבוקר במסעדה?

6. הסטודנטים אוהבים _____ המורה החדשה.

7. הוא שתה _____ קפה עם _____ המזכירה שלו.

8. קניתי_____ הספר בשביל_____ החברים שלי.

9. _____הארוחה לא בשבילך!

✍ **Exercise 4: Choose between the basic or the inflected form of the following:**

ב-, עם, מ-, אל, של, ל-, בשביל, את

1. השנה הם גרו _____ ישראל.

2. אני אוהב _____המקצוע שלי.

3. למה הוא יושב פה? זאת לא הכיתה _____ !

4. הן סטודנטיות טובות. אנחנו רוצים ללמוד _____ .

5. היא קנתה חצאית _____ חנות החדשה.

6. יגאל הולך _____ הדירה שלו. הוא צריך לעשות אוכל _____ החברים
שלו.

7. ראינו את דורית ברחוב אבל היא לא ראתה _____ .

8. הוא בא _____ בית _____ האוניברסיטה בשש, ישב לאכול וקרא עיתון.

§ 9.6 Questions about objects of prepositions

Such questions are formed exactly like the question about the direct object:

את מי אתה אוהב? (אני אוהב **את** דינה)

עם מי אתם מדברים? (אנחנו מדברים **עם** יוסף וחיים)

על-יד מי את יושבת? (אני יושבת **על-יד** שרה)

על מה אתם חושבים? (אנחנו חושבים **על** הבחינה)

questions

בשביל מה באת לכאן? (באתי לכאן **בשביל** לראות אותך)

מהיכן אתה בא? (אני בא **מ**ירושלים)

לכמה אנשים כתבת מכתב היום? (כתבתי **ל**שלושה (3) אנשים)

ממתי אתה פה? (אני פה **מ**הבוקר)

The rule of thumb is to open the question with the preposition, placing it before the question word. Unlike English colloquial, Hebrew does not allow separation of the question word from the preposition. Learners who are speakers of English will sometime produce erroneous sentences such as the following:

מה אתם מדברים **על?** (לא נכון!)

This is a reflection of the English "what are you talking about?". The only correct option is

על מה אתם מדברים?

✍ Exercise 5: Provide complete answers to the following questions

1. מה אתה לובש/את לובשת עכשיו?

2. את מי ראית הבוקר?

3. איפה את/ה קונה את הבגדים שלך?

4. מה אתה לא אוהב/את לא אוהבת ללמוד באוניברסיטה?

5. אילו בגדים אתה אוהב/את אוהבת ללבוש בקייץ?

6. מה את/ה רוצה להיות? למה?

7. עם מי את/ה עושה קניות?

8. באיזו עונה אנשים לובשים מעיל?

9. למה אנשים מרכיבים משקפיים? ומתי הם מרכיבים משקפי-שמש?

10. על-יד מי אתה אוהב/את אוהבת לשבת?

✍ **Exercise 6: Write short compositions starting with the following statements**

1. אני אוהב/אוהבת לקנות בגדים.

2. הוא תמיד לובש בגדים לא מתאימים.

3. אני לא אוהב/אוהבת את הסרטים של ...

4. כל בוקר אני רואה את ...

5. אני אוהב/אוהבת לשיר את השירים של ...

6. הזמן שלי בקושי מספיק בשביל ...

✍ **Exercise 7: Conduct a survey in your class, and use as a scale the following categories**

אוהב/ת תמיד   אוהב/ת לפעמים   לא אוהב/ת   לא יודע/ת

The survey may refer to daily activities, certain music, particular writers, etc.

Ask at least three questions, and tabulate the answers.

Another type of survey can use statements with "true" and "false" options:

נכון   לא נכון

נכון לפעמים   נכון תמיד

✍ **Exercise 8: Produce the following sentences in Hebrew. For additional practice, vary their elements**

1. I have always liked your special clothes.

2. She gave me the interesting book.

3. I wrote a long letter yesterday.

4. They gave us their warm sweaters.

5. Can I give you a little bit of water?

6. Sometimes she sees me on the street.

7. They can hardly see me.

8. Why don't you like me?

9. She can hardly speak Hebrew, but she speaks English very well.

✍ **Exercise 9: Write about the couple in the picture below. Who are they? What are they wearing?**

מה הם לובשים?

Unit yod

יחידה י

§ 10.1 Numbers מִסְפָּרִים

Since the letters of alphabets are arranged in a fixed order, numerical values may be assigned to them. Hebrew makes use of letters as numbers in many ways (chapter and verse numbers in the Bible, page numbers in books, dates, etc.), but in modern Israel regular numbers are most frequently used. For the sake of reference, the Hebrew letters are listed below together with their numerical values. Note that in order to avoid any semblance to the name of God, which is traditionally spelled as different combinations of the letters ו ,ה and י, the numbers 15 and 16 are irregularly combined:

המשפחה של יעל
Yael's Family

א	1	יז	17
ב	2	יח	18
ג	3	יט	19
ד	4	כ	20
ה	5	ל	30
ו	6	מ	40
ז	7	נ	50
ח	8	ס	60
ט	9	ע	70
י	10	פ	80
יא	11	צ	90
יב	12	ק	100
יג	13	ר	200
יד	14	ש	300
טו	15	ת	400
טז	16		

§ 10.2 Ordinal numbers

מִסְפָּר		number
נקבה	זכר	
רִאשׁוֹנָה	ראשון	first
שְׁנִיָּה	שֵׁנִי	second
שְׁלִישִׁית	שלישי	third
רְבִיעִית	רביעי	fourth
חֲמִישִׁית	חמישי	fifth
שִׁשִּׁית	שישי	sixth
שְׁבִיעִית	שביעי	seventh
שְׁמִינִית	שמיני	eighth
תְּשִׁיעִית	תשיעי	ninth
עֲשִׂירִית	עשירי	tenth

yod 1

Ordinal numbers from one to ten are listed above. Numbers have separate sets for masculine and feminine, and agree with their nouns in gender. The masculine set was introduced in part in unit 5, when the days of the weeks were discussed.

Like other adjectives, ordinal numbers can be pluralized (this is common mostly with "first"). They also agree with their nouns in definiteness:

רונן הוא **ה**ילד **ה**ראשון שלי.

הסרטים **ה**ראשונים שלו היו טובים מאוד.

השעה **ה**שלישית של הבחינה קשה.

משה מספר: בפעם הראשונה שבאתי לאוניברסיטה לא ידעתי מה לעשות. לא ידעתי איפה הבניינים ולא ידעתי לאן ללכת ומתי. אבל היום השני כְּבָר היה יוֹתֵר טוב*, ובשבוע השלישי כבר ידעתי מה אני צריך לעשות בכל יום ובכל שעה. הימים הראשונים היו קשים, אבל עכשיו, בשנה הרביעית שלי באוניברסיטה, אני חושב שלא קשה ללמוד מה לעשות.

y1

*was already better (more good)

הנשים של הנרי השמיני:

האישה הראשונה שלו היתה קתרין מֵאראגון.

האישה השנייה שלו היתה אן בולין.

האישה השלישית שלו היתה ג׳יין סימור.

הרביעית היתה אן מקליבס,

החמישית קתרין הווארד,

והשישית קתרין פָאר.

ג׳יין אַחַת, שְׁתֵּי אן וְשָׁלוֹשׁ קתרין!

§ 10.3 Cardinal numbers

			אֶפֶס	0	

אֶחָד		אַחַת	1	
שְׁנַ֫יִם, שְׁנֵי		שְׁתַּ֫יִם, שְׁתֵּי	2	
שְׁלוֹשָׁה		שָׁלוֹשׁ	3	numbers 1-13
אַרְבָּעָה		אַרְבַּע	4	
חֲמִשָׁה (חמישה)		חָמֵשׁ	5	
שִׁשָׁה (שישה)		שֵׁשׁ	6	
שִׁבְעָה		שֶׁ֫בַע	7	
שְׁמוֹנָה		שְׁמוֹנֶה	8	
תִּשְׁעָה		תֵּ֫שַׁע	9	yod 2
עֲשָׂרָה		עֶ֫שֶׂר	10	
אַחַד-עָשָׂר		אַחַת-עֶשְׂרֵה	11	
שְׁנֵים-עָשָׂר		שְׁתֵּים-עֶשְׂרֵה	12	
שְׁלוֹשָׁה-עָשָׂר		שְׁלוֹשׁ-עֶשְׂרֵה	13	
אַרְבָּעָה-עָשָׂר		אַרְבַּע-עֶשְׂרֵה	14	
חֲמִשָׁה-עָשָׂר		חֲמֵשׁ-עֶשְׂרֵה	15	
שִׁשָׁה-עָשָׂר		שֵׁשׁ-עֶשְׂרֵה	16	
שִׁבְעָה-עָשָׂר		שְׁבַע-עֶשְׂרֵה	17	
שְׁמוֹנָה-עָשָׂר		שְׁמוֹנֶה-עֶשְׂרֵה	18	yod 3
תִּשְׁעָה-עָשָׂר		תְּשַׁע-עֶשְׂרֵה	19	

20 עֶשְׂרִים

21 עשרים ואחת — עשרים ואחד

22 עשרים ושתים — עשרים ושנים

30 שְׁלוֹשִׁים

40 אַרְבָּעִים

50 חֲמִשִּׁים (חמישים)

60 שִׁשִּׁים (שישים)

numbers 1-100

70 שִׁבְעִים

80 שְׁמוֹנִים

90 תִּשְׁעִים

100 מֵאָה

yod 4

1000 אֶלֶף 2000 אַלְפַּיִם

Hebrew has two sets of cardinal numbers: One which is used with masculine nouns, and another which is used with feminine nouns. The set used for counting, for numbering (as in house numbers, phone numbers, etc.), and for years is the feminine set. Note that the ending ה-, typical of feminine nouns, is used in numbers which modify **masculine** nouns.

With the exception of the number "one," numbers precede their nouns:

כלב אחד, שלושה כלבים, עשרים כלבים

כלבה אחת, חמש כלבות, שלושים כלבות

The number "two" has two variants: One independent, used in counting, and another one augmented to nouns. The form augmented to nouns is shortened: From שניים and שתיים in the independent form, to שני and שתי in the form followed by its noun.

Note the ending ַיִם- in both the masculine and feminine form of "two." This ending is usually reserved in Hebrew for nouns which naturally come in pairs (hands, eyes, etc.). It is called a "dual" ending (זוּגִי).

שאלה: כמה סמסטרים למדת באוניברסיטה?

תשובה: שניים.

שאלה: רק שניים?

תשובה: כן, למדתי באוניברסיטה רק שני סמסטרים.

שאלה: כמה שעות היית בכיתה?

תשובה: שתיים.

שאלה: שתיים?

תשובה: כן, הייתי בכיתה שעתיים (שתי שעות) כי המורה לא נתנה לנו ללכת.

The two short variants of "two" are used only in the single digits and not in the numbers which follow such as 12, 22, 102, etc. In all instances except for the single digits, the full form is used irrespective of whether or not a noun follows the number.

היו בבניין עשרים ושתיים סטודנטיות, שלושים ושניים סטודנטים ושני מורים.

The "teens" are formed by adding the number 10 (עָשָׂר for masculine and עֶשְׂרֵה for feminine) to the single digit number which, in turn, may undergo slight vowel changes as a result:

אחת-עשרה   אחד-עשר

שתים-עשרה   שנים-עשר

The reason for the vowel changes should be clear by now. The shift of primary stress to the second word requires vowel reduction in the first one:

שָׁלוֹשׁ   שְׁלוֹשׁ-עשרה

Most native speakers do not shift the stress to the second word in the teen numbers but still reduce the vowel:

שְׁלוֹשׁ עשרה, שְׁבַע-עשרה

The numbers indicating multiples of 10 are identical for nouns of both genders:

שלושים בתים, שלושים ילדות

ארבעים אנשים וארבעים נשים

חמישים ספרים, חמישים מחברות

The numbers over 20 are formed by combining the "tens" with -ו and single digits:

עשרים ואחת   עשרים ואחד

שלושים ושמוֹנֶה   שְׁלוֹשִׁים וּשְׁמוֹנָה

Because the number 100 מאה is a word of the feminine gender, the hundreds are formed by adding the word "hundreds" מאות to a feminine number in the single digits, even if the noun counted is masculine:

שלוש מאות, ארבע מאות, תשע מאות

חמש מאות חולצות, חמש מאות סטודנטים

The reason for using the feminine number is simple: The single-digit number tells us how many <u>hundred</u>s מאות of items there are, not how many <u>items</u>, and the word מאות (hundreds) is always feminine plural.

Again, because of the stress shift slight vowel changes occur in the numbers preceding the מאות. Such changes are identical to those occurring with the teen numbers before עשרה.   שְׁלוֹש-מאות   שְׁלוֹש-עשרה   שָׁלוֹש

The number 200 is formed by combining the number 100 with a dual ending ַ-יִם:

מָאתַיִם

Like in the case of מאה, in all nouns ending with ה- a *tav* precedes the dual ending when it is added to the noun:

מאה -- מאתיים

שעה -- שעתיים

שנה -- שנתיים

"A thousand" is אֶלֶף, and two thousands are אַלְפַּיִם, both masculine. Study the year samples below:

1925	אלף תשע מאות עשרים וחמש
1972	אלף תשע מאות שבעים ושתיים
1985	אלף תשע מאות שמונים וחמש
1997	אלף תשע מאות תשעים ושבע
2001	אלפיים ואחת

Note that only one *vav* occurs in a number, preceding the last digit:

אלף תשע מאות שבעים ושלוש

This applies to telling time as well:

השעה עשר עשרים ושלוש

השעה עשרים וחמש דקות לשמונה (דקות=minutes)

השעה שבע ארבעים וחמש

אלף תשע מאות שבעים וארבע

While the word מאה is of the feminine gender, the word אלף is of the masculine gender. Consequently, all thousands are formed by adding אֲלָפִים to the masculine single digits. A *tav* is commonly inserted before the word אֲלָפִים:

שלושת אלפים, חמשת אלפים, עשרת אלפים, שבעת אלפים, שמונת אלפים, תשעת אלפים

Unlike English, Hebrew does not allow combinations such as nineteen-seventy-four for 1974. The numbers are referred to individually: One thousand nine hundred seventy (and) four אלף תשע מאות שבעים וארבע.

For ordinal numbers beyond 10 Hebrew uses the cardinal numbers with the definite article, and always with the number following its noun:

הילד האחד-עשר

השיעור החמישים ושלושה

| | address | כְּתוֹבֶת | נ |
| yod 4 | zip code | מִקוּד (ז., מיקוד) | נ |

הכתובת שלי: רחוב הַכַּרְמֶל מספר חמישים ושמונה.

הכתובת של רחל: רחוב דיזנגוף מספר מאה וחמישים.

דן גר ברחוב אלנבי מספר תשעים ושתיים, מיקוד 89243. מספר הטלפון שלו: 03-894456

Note that in Hebrew the name of the street comes first and only then the number, unlike the number-first construction in English (as in 150 Dizenghoff St.).

Zip codes and phone numbers are uttered as separate numbers:

המיקוד שלי חמש-שש-שבע-שלוש-חמש.

מספר הטלפון שלי אפס-שלוש, חמש-שש-שבע-שתים-ארבע-אפס.

✍ **Exercise 1: Write down your full address in Hebrew, spell out numbers**

_____

_____

☺😐 **Oral practice:**

Work in a group. Ask each other about addresses and report to the group about your address and the addresses of some of your group members. Include telephone numbers, zip codes' and apartment numbers.

✍ **Exercise 2: Create an address and phone list of five of your class-mates**

קצת סטָטִיסְטִיקָה:

At the University of Texas at Austin, Hebrew language courses are called HEB 506 (First-Year Hebrew I); HEB 507 (First-Year Hebrew II); HEB 312K (Second-Year Hebrew I); and HEB 312L (Second-Year Hebrew II). The following information refers to these courses.

בסמסטר הסתיו יש באוניברסיטה חמש כיתות של עברית חמש מאות ושש (סמסטר ראשון), עם שמונה עשר סטודנטים בְּכיתה. בסמסטר האביב יש כיתה אחת עם חמישה עשר סטודנטים.

בסמסטר הסתיו יש כיתה אחת של עברית חמש מאות ושבע (סמסטר שני), עם שנים עשר סטודנטים. בסמסטר האביב יש ארבע כיתות עם שמונה עשר סטודנטים בכיתה.

בסמסטר הסתיו יש שלוש כיתות של עברית שלוש מאות ושתים עשרה (סמסטר שלישי), עם עשרים סטודנטים בכיתה. באביב יש כיתה אחת עם עשרה סטודנטים.

בסמסטר הסתיו יש כיתה אחת של עברית שלוש מאות ושתים עשרה (סמסטר רביעי), עם עשרה סטודנטים. באביב יש שלוש כיתות, עם שמונה עשר סטודנטים בכיתה.

☺😐 **Oral practice:**

Discuss the numbers of Hebrew students, based on the following questions:

שאלות:

כמה סטודנטים יש בסמסטר הסתיו בעברית חמש מאות ושש?

כמה סטודנטים בשנה לומדים עברית חמש מאות ושש?

כמה סטודנטים יש בסמסטר האביב בעברית חמש מאות ושבע?

כמה סטודנטים בשנה לומדים עברית חמש מאות ושבע?

כמה סטודנטים יש בסמסטר הסתיו בעברית שלוש מאות ושתים עשרה (סמסטר שלישי)?

כמה סטודנטים בשנה לומדים עברית שלוש מאות ושתים עשרה (סמסטר שלישי)?

כמה סטודנטים יש בסמסטר הסתיו בעברית שלוש מאות ושתים עשרה (סמסטר רביעי)?

כמה סטודנטים לומדים עברית שלוש מאות ושתים עשרה (סמסטר רביעי) בשנה?

כמה סטודנטים לומדים עברית באוניברסיטה בשנה? בשנתיים? בחמש שנים? בשבע שנים?

☺☺ **Oral practice:**

Present to the class a simple statistical report which you have created. Graphs may help!

✍ **Exercise 3: Produce the following combinations in Hebrew**

1. 34 watches
2. 12 cities
3. the 8th woman
4. 15 shirts
5. 96 streets
6. the 2nd night
7. 1 cousin (m.)
8. 57 shekels
9. the 3rd meal
10. 76 days
11. 97 students (m.)
12. 125 dollars
13. the 10th night
14. 62 books
15. the 21st day
16. 3,256 people
17. 365 days
17. 978 cities

₪

be born	₪	נוֹלַד (לְהִוָּלֵד להיוולד)
live	₪	חַי (לִחְיוֹת)
get married	₪	הִתְחַתֵּן (לְהִתְחַתֵּן)
die	₪	נִפְטַר
afterwards, later	₪	אַחַר-כָּךְ
age	₪	גִּיל (ז.)
family	₪	מִשְׁפָּחָה (נ.)
parents	₪	הוֹרִים (ז.)
father	₪	אָב, אַבָּא (ז.)

אָב חוֹרֵג	step-father	
אֵם, אִמָּא (נ.)	mother	
סָב, סַבָּא (ז.)	grandfather	
סַבְתָּא (נ.)	grandmother	
אָח (ז.)	brother	
אָחוֹת (נ., ר. אֲחָיוֹת)	sister (also: nurse)	yod 5
בֵּן (ז.)	son, at the age of	
בַּת (נ., ר. בָּנוֹת)	daughter, at the age of	
בַּעַל (ז., ר. בְּעָלִים)	husband	
אִשָּׁה (אישה)	wife (also: woman)	
דּוֹד (ז.)	uncle	
אַחְיָן (אחיין, ז., נ. אַחְיָנִית)	nephew	
בֶּן-דּוֹד (ז.)	cousin	
נֶכֶד (ז., נ. נֶכְדָּה)	grandchild	
בן זוג, בת זוג	partner, mate	yod 6

על המשפחה שלי:

משה מספר:

האבא שלי נולד בפּוֹלִין ב-1914. הוא עלה לישראל ב-1939, כשהוא היה בן עשרים וחמש. הוא חי בקיבוץ. בגיל שלושים הוא עבר* לגור בתל-אביב. שם הוא התחתן עם האִמא שלי. היא נולדה בגֶרמַניָה ב-1920 ועלתה אַרְצָה** ב-1933 עם המשפחה שלה. אני נולדתי בתל-אביב ב-1948. האחות שלי, רונית, נולדה ב-1955. אבי נפטר ב-1970, ואִמי נפטרה ב-1975.

*moved **to Israel

y2

אורית מספרת:

ההורים שלי נולדו בעִירָאק. אבי נולד ב-1920, ואִמי נולדה ב-1915. הם התחתנו ב-1944, ועלו ארצה ב-1949. אני נולדתי ב-1945, ועליתי ארצה כשהייתי בת ארבע. אחותי מריים נולדה ב-1951. היתה אז בישׂראל מַגֵּפָה* של פּוֹליוֹ, והיא חָלְתָה** ונפטרה בגיל שנה. אחי מאיר נולד ב-1953 ואחותי דינה נולדה ב-1957. גרנו במושב אודים

*epidemic **got sick

ואחר-כך בירושלים. אני והאחים שלי גרים עכשיו עם המשפחות שלנו בתל-אביב, אבל ההורים שלנו גרים בירושלים.

y3

דוויד מספר:

אבא שלי נולד בקיבוץ אֲפִיקִים. הוא פגש* את אִמא שלי ב-1963, כשהיא באה מתל-אביב לעבוד בקיבוץ בקייץ. אני נולדתי ב-1964. אִמא שלי חיתה בקיבוץ שלוש שנים, אבל היא לא אהבה את הקיבוץ וחזרה לתל-אביב. *met

אני חייתי עם אמי בתל-אביב עד 1982. אז הלכתי לצבא.* *army

ב-1986 חזרתי לחיות עם אבי ועם האישה שלו באפיקים.

אברהם מספר:

אבי, שלום רֶזְניק, נפטר כשהייתי בן שלוש. אמי, רינה, חיתה בלי בעל חמש שנים, ואז היא התחתנה עם יצחק כהן, שהיה חבר של אבי שנים רבות, ועברנו לגור במושב מֵישָׁר. יצחק, אבי החורג, אהב אותי מאוד והִתְיַחֵס אֵלַי כְּאֵל בן שלו.* נולדו לו ולאמי שלושה ילדים, הם האחים שלי דורית, שירה ואורן.

*treated me like his own son

y4

שירה מספרת:

יש לי בן ובת, יוסף ודבורה. בעלי, דורון, נסע לאמריקה והתחתן שם עם אשה חדשה. אני לא התחתנתי-- לא רציתי בעל. אני גרה עם הילדים שלי בדירה קטנה בתל-אביב. אני עובדת וההורים שלי עוזרים לי עם הילדים. הם אוהבים את הנכדים שלהם מאוד. דורון הוא אבא של הילדים, אבל הם לא מעניינים אותו. אנחנו משפחה חד-הורית* חמה וטובה.

*single-parent family

y5

✍ Exercise 4: Answer the questions

1. אם דני הוא הבן של האח שלי, מה הוא שלי? ומה אני שלו?

____

2. לי יש בת, רונית, ולאחי (=האח שלי) יש בן, דוויד. דוויד__________ של רונית ורונית __________של דוויד.

3. אם שושנה היא האמא של אבי (=האבא שלי), מה היא שלי? ומה אני שלה?

____

4. למשה יש אחות, שושנה, ויש לו בת, רחל. שושנה היא ה__________ של רחל.

➛ **Vocabulary notes:**

The verb נולד comes from the root י.ל.ד. It is used in the passive pattern נפעל in the sense of *be born* להיוולד, in the פעל לָלֶדֶת in the sense of *to give birth,* and להוֹליד in the הפעיל which is a causative pattern, in the sense of *beget.*

חי comes from the root ח.י.ה. Hebrew has many words relating to living which are derived from this root, including חַיִּים *life* and חַיָּה *animal.* The conjugation of ח.י.ה is somewhat unusual for a final *heh* verb:

הווה: חי חייה חיים חיות

עבר: חייתי חיית הוא חי/חיה היא חייתה חיינו חֱייתם חֱייתן הם/הן חיו

Make sure to distinguish between חי and גר, both of which may be rendered in English as *live.* גר is used only in the sense of *dwelling, living in a place.*

נפטר is the Hebrew equivalent of *passed away.* A more direct word, מֵת, means *died.* נפטר usually implies dying of natural causes.

להתחתן is a verb derived from the root ח.ת.נ. This root is used here in the reciprocal pattern התפעל. Some of the להתחתן forms are as follows:

הווה: מִתְחַתֵּן מִתְחַתֶּנֶת מִתְחַתְּנִים מִתְחַתְּנוֹת

עבר: הִתְחַתַּנְתִּי, הִתְחַתַּנְתֶּם, הם הִתְחַתְּנוּ

בעל is a word with many connotations and uses. The most common is that of *owner,* as in בעל החֲנוּת *the owner of the store,* בעל הבית *the owner of the house (landlord).* The relatedness of "owner" and "husband" is a reflection of a cultural notion which is common in the Middle East. You may also note that the Canaanite male god was called בעל.

חורג from ח.ר.ג. *to exceed, go out of boundary* is used in a family context much like "step" is used in English (stepmother, etc.):

אב חורג, אם חורגת, אח חורג, אחות חורגת, בן חורג, בת חורגת

משפחה is used in the compound noun "שם-משפחה" which means *last name*:

-שלום! שמי דוויד!

-ומה שם-המשפחה שלך?

-שם המשפחה שלי כוהן.

-נעים מאוד, דוויד! אני מֵיטל כרמל.

People who are not married or want to refrain from using the terms "husband" or "wife" often use the neutral term "partner":

בן זוגי, בן זוגו, בת זוגי, בת זוגה

אחר-כך is often abbreviated as אח"כ:

עכשיו אני עובד, ואח"כ אני הולך לסרט.

☺☺ **Oral practice:**

Work in group. Talk about your family.

Present to the class a biography of a member of your family.

✍ **Exercise 5: Provide one-word definitions for the following phrases**

1. האמא של האבא שלי-_____שלי.
2. האח של האבא שלי-_____שלי.
3. הבן של האחות שלי-_____שלי.
4. אבא ואמא שלי-_____שלי.
5. הבת של ההורים שלי - _____שלי.
6. הבן של ההורים שלי - _____שלי.
7. הבן של האח של האמא שלי - _____שלי.

the family

✍ **Exercise 6: Design your own family tree. Write down the name of each family member and indicate his or her relationship to you**

₪

₪ עֲדַיִן (עדיין)	still (adverb), yet	
₪ כְּבָר	already	
₪ עוֹד לֹא, עדיין לא	not yet	
₪ שׁוּב, עוֹד פַּעַם	again	
₪ מֻקְדָּם (מוקדם)	early	
₪ מְאֻחָר (מאוחר)	late	
₪ דַּקָּה (נ.)	minute	
₪ חֲצוֹת (נ.)	midnight	
צָהֳרַיִם (ז. ר., צוהריים)	noon	
₪ אַחַר הצוהריים	afternoon	yod 7
₪ מָחָר	tomorrow	
₪ לִפְנֵי	before, ago	
₪ אַחֲרֵי	after	
₪ עַד	until	
₪ יָשֵׁן (לישון)	sleep (verb)	
₪ עָיֵף (עייף)	be tired	
₪ רָעֵב	be hungry	
₪ צָמֵא	be thirsty	
₪ שָׂמֵחַ	be happy	yod 8

מיכאל: דורית, את עדיין פה?!

דורית: כן, אני צריכה לעבוד בספרייה. אני שמחה לראות אותך פה! מיכאל, עשית כבר את השיעורים שלך למחר?

מיכאל: עדיין לא. ואת?

דורית: גם אני עוד לא עשיתי את השיעורים שלי. אני חושבת שאני צריכה לשבת ולעבוד בספרייה עד מאוחר הלילה. אולי עד חצות! אני עייפה מאוד! לא אכלתי ארוחת ערב, ואני רעבה וצמאה.

מיכאל: גם אני. קמתי היום מוקדם מאוד, ואני שוב צריך לקום מוקדם מחר בבוקר. אבל בשבת אני יכול לישון עד מאוחר. אולי אנחנו יכולים ללכת לסרט בשבת אחר-הצוהריים?

דורית: אני לא יכולה ללכת לסרט בשבת אחר-הצוהריים, כי אני צריכה להיות אצל ההורים שלי. אולי בערב? לפני ארוחת-הערב? אחרי ארוחת-הערב? אנחנו יכולים ללכת לאכול ואז ללכת לסרט.

מיכאל: אני חושב שבערב זה בסדר. נְדַבֵּר* מחר! להת.! *we will talk

y6

➵ **Vocabulary notes:**

אחר-הצוהריים is often abbreviated as אחה"צ.

The word עוד is frequently used in the sense of "additional":

האוניברסיטה צריכה עוד ספרים בשביל הספרייה.

אני יכול לקבל עוד אוכל בבקשה?

The word חצות is closely related to חצי *half*. Also related is the verb *to cross* as in crossing a street (figuratively splitting it):

אני לא יכולה לחצות את הרחוב כי יש תְּנוּעָה כְּבֵדָה* כל הזמן! *heavy traffic

The same concept of *half* is used for the word חצאית *skirt*.

The word לפני is often used in the sense of "(certain time) ago":

באתי לאוניברסיטה לפני שנה.

"How long ago" is לפני כמה זמן:

לפני כמה זמן נסעת לישראל? נסעתי לישראל לפני חודשַיים.

"How many years ago" is לפני כמה שנים:

לפני כמה שנים באת מישראל? באתי מישראל לפני שלוש שנים.

☺☺ **Oral practice:**

Work in pairs. Ask each other questions using the newly introduced time expressions.

✍ Exercise 7: Answer the following questions

1. לפני כמה שנים היתה השנה 1990?

____

2. לפני כמה שעות היתה השעה 11 בלילה?

____

3. לפני כמה זמן באת לאוניברסיטה?

____

4. לפני כמה זמן הִתְחִיל (began) הסמסטר?

____

§ 10.4 Stative verbs

The verb ישן represents a group of verbs which indicate a state of being rather than an action and are referred to as "stative verbs." Like ישן , the verbs רעב *be hungry,* צמא *be thirsty,* עייף *be tired* and שׂמח *be happy* have a distinct present tense conjugation in the פעל pattern:

יָשֵׁן	יְשֵׁנָה	יְשֵׁנִים	יְשֵׁנוֹת
רָעֵב	רְעֵבָה	רְעֵבִים	רְעֵבוֹת
צָמֵא	צְמֵאָה	צְמֵאִים	צְמֵאוֹת
עָיֵף	עֲיֵפָה	עֲיֵפִים	עֲיֵפוֹת
שָׂמֵחַ	שְׂמֵחָה	שְׂמֵחִים	שְׂמֵחוֹת

✍ Exercise 8: Complete the following sentences

1. אני ישן/ישנה כש______________________________

2. אני רעב/רעבה כש ______________________________

3. אני צמא/צמאה כש______________________________

4. אני עייף/עייפה כש______________________________

5. אני שמח/שמחה כש______________________________

✍ Exercise 9: Elaborate on the following statements with a short narrative

1. אני עייף מאוד הבוקר.

2. לא גמרתי את השיעורים שלי,

3. אם אני בא/באה לאוניברסיטה מאוחר,

4. אתה עדיין פה?

5. אנחנו שמחים מאוד כי...

6. הוא היה רעב וצמא.

₪

₪ חֶשְׁבּוֹן	calculus, math
₪ וְעוֹד, פְּלוּס	plus (in addition)
₪ פָּחוֹת, מִינוּס	less, minus (in subtraction)
₪ כָּפוּל	times, double (in multiplication)
₪ לְחַלֵּק לְ-...	divided by... (in division)
₪ שָׁוֶה (לְ-) (שווה)	equal (to), worth — yod 8

Exercise 10:

קצת חשבון:

חמש ועוד חמש הן עשר

עשר פחות חמש הן חמש

שלוש כפול חמש הן חמש-עשרה

עשרים ואחת לחלק לשבע הן שלוש

שלושים ועוד שישים הן______________________________

אלף לחלק לעשרים וחמש הן______________________________

מאה ושתים עשרה לחלק לשתים הן______________________________

ארבעים כפול חמש הן______________________________

אם דולר אחד שווה לשלושה וחצי שקלים, כמה שקלים אפשר לקבל בשביל עשרים דולרים?

➻ Vocabulary note:

The word שווה also indicates absolute worth. לא שווה is used in the sense of *worthless.*

אני לא רוצה כסף מנייר כי הוא לא שווה.

☺☹ **Oral practice:**

Work in small groups. Test your knowledge of the basic operations in math. Ask each other simple questions using addition, subtraction, multiplication and division.

✍ **Exercise 11: Solve the following logic puzzle**

מיכל לומדת באוניברסיטה. היא לומדת ארבעה מקצועות, אחד בכל יום: מוזיקה, הסטוריה, פסיכולוגיה ומתימטיקה. השיעורים ביום שני, שלישי, רביעי וחמישי עם שני מורים ושתי מורות. שמות המשפחה שלהם לוי, כהן, מיכאלי, וכרמלי. באיזה יום היא לומדת כל מקצוע ועם איזה מוֹרֶה או מוֹרָה?

*מוֹרָה מלמדת את השיעור בפסיכולוגיה ואת השיעור ביום חמישי.

כהן והמורה להסטוריה הם גבָרים.(men)*

*השיעור של לוי לפני השיעור בפסיכולוגיה, והשיעור בפסיכולוגיה לפני השיעור של כרמלי.

*ביום רביעי מיכל לומדת מתימטיקה.

§ 10.5 More on telling time

In telling time, Hebrew allows a couple of variations in terms of using or not using the word דקות *minutes* in a sentence:

With the "tens" from 20 on, Hebrew speakers say

השעה שבע ועשרים or השעה שבע ועשרים דקות

השעה שבע וארבעים or השעה שבע וארבעים דקות

השעה עשרים לשמונה or השעה עשרים דקות לשמונה

With the number 10, Hebrew speakers say

השעה חמש וַעֲשָׂרָה or השעה חמש ועשר דקות

השעה עֲשָׂרָה לחמש or השעה עשר דקות לחמש

השעה שתים עֶשרה ועֲשרה or השעה שתים עֶשרה ועשר דקות

✍ **Exercise 12: Complete the following sentences**

1. בבוקר, אני קם/קמה* בשעה ________________. *wake up, get up
2. אני אוכל/אוכלת ארוחת-בוקר בשעה ________________.
3. אני הולך/הולכת לשיעור הראשון שלי בשעה ________________.
4. אני לומד/לומדת בבוקר עד* ________________. *until
5. אני אוכל/אוכלת ארוחת-צוהריים בשעה ________________.
6. אני הולך/הולכת לספרייה בשעה ________________.
7. אני גומר/גומרת* ללמוד בשעה ________________. *finish
8. אני אוכל/אוכלת ארוחת-ערב בשעה ________________.

✍ **Exercise 13: Interview a classmate, and provide an account of his/her day, referring to time**

____

____

____

____

____

____

____

____

____

____

מה השעה?

telling time II

calendar, board	לוּחַ (ז., ר. לוּחוֹת) ⬥
date (day of the month)	תַּאֲרִיךְ (ז.) ⬥
birthday	יוֹם הֻלֶּדֶת (ז., ר. יְמֵי-הוּלדת) ⬥
month	חֹדֶשׁ (ז., ר. חֲדָשִׁים חודשים)

חודשי-השנה:

יָנוּאָר
פֶּבְּרוּאָר
מֶרְץ
אַפְּרִיל
מַאי
יוּנִי
יוּלִי
אוֹגוּסט
סֶפְּטֶמְבֶּר
אוקְטוֹבֶּר
נוֹבֶמְבֶּר
דֶּצֶמְבֶּר

yod 9

מה התאריך היום?
התאריך היום השלושה במרץ, אלף תשע מאות תשעים ושבע. זה יום ההולדת שלי. אני בן שלושים היום.

באיזה תאריך נולדת?
נולדתי בעשרים בינואר, אלף תשע מאות חמישים ואחת. אני בת ארבעים ושש. אחותי נולדה בעשרים בספטמבר, אלף תשע מאות חמישים ושש. היא עכשיו בת ארבעים ואחת. עלינו לישראל בחמישה עשר ביולי, אלף תשע מאות שמונים ושתיים. אנחנו בישראל כבר חמש עשרה שנים.

רינה וענת נולדו באלף תשע מאות שבעים ותשע. הן היום בנות שמונה עשרה. ההורים שלהן, משה ורונית, בני חמישים ושלוש. הם נולדו באלף תשע מאות ארבעים וארבע. משה נולד במרוקו, ורונית נולדה בקנדה.

y7

☺☹ **Oral practice:**

בחודש פברואר יש עשרים ושמונה ימים.

באילו חודשים יש שלושים ימים? שלושים ואחד ימים?

➼ **Vocabulary notes:**

The word בן is often used in Hebrew in the sense of being of a certain age or belonging to a certain category of people:

בת כמה דורית? בן כמה מיכאל?

דורית בת שלושים ומיכאל בן שלושים וחמש.

דויד הוא בן-משפחה שלנו-- הוא האח של בעלי.

בְּנֵי-ישראל היו במצריים שנים רבות.

Note that the Hebrew idiom for referring to age is significantly different from the English one. The "old" as in "x years old" or "how old ...?" belongs to the English idiom only. Similarly, "for" as in "I lived in Israel for four years" does not exist in Hebrew. גרתי בישראל ארבע שנים

Note that when people write dates in Israel (and in Europe), they start with the day of the month (day, month, year) and not with the month as is common in the US:

2.4.97 is April 2, 1997 (and not February 4!).

The full expression for *a calendar* is לוּחַ-שנה. Unlike the general calendar, which is based on a solar cycle, Hebrew uses a lunar calendar with twelve months and seven leap-years every cycle of 19 years. All Jewish holidays follow that lunar calendar, as do Israeli national holidays. For example, Passover always begins on the evening of the 14th day of the month of Nisan, and Hanukkah always begins on the evening of the 25th day of the month of Kislev. The fact that the Hebrew calendar and the general calendar are based on different systems explains why Jewish holidays seem to fall on different dates as the years change (for example, in 1998 Passover began on April 10 and in 2000 on April 19).

☺☹ **Oral practice:**

Work in groups, ask each other questions and discuss dates of birth and ages.

age expressions

Exercise 15: Provide complete answers for the following questions

1. בן כמה אתה/בת כמה את?
2. באיזו שעה אתה הולך/את הולכת לאוניברסיטה ביום שני?
3. מה השעה עכשיו?
4. איזה יום היום?
5. איפה נולדו ההורים שלך?
6. באיזו שעה הלכת לישון אתמול בלילה?
7. לפני כמה זמן ראית את ההורים שלך?
8. כמה פעמים ירד כאן שלג השבוע?
9. כמה קורסים אתה לומד/את לומדת הסמסטר?
10. כמה עולה ארוחה במסעדה טובה?
11. לפני כמה זמן הלכת לספרייה של האוניברסיטה?
12. כמה ספרים אתה קורא/את קוראת בחודש?
13. כמה פעמים בשנה אתה נוסע/את נוסעת לטיול?
14. משה בן שלושים ושבע. הוא עלה לישראל כשהוא היה בן עשרים ושלוש. באיזו שנה הוא נולד? באיזו שנה הוא עלה לישראל?
15. דוויד בן גוריון נולד בפְּלוֹנסק ב-1886. הוא עלה לארץ בגיל עשרים. הוא נפטר בגיל שמונים ושבע. באיזו שנה הוא עלה לארץ? באיזו שנה הוא נפטר?
16. בנימין זאב הרצל נולד בבודפשט ב-1860. מ-1878 הוא חי בווינה. כשהוא היה בן שלושים ושבע, הוא כִּינֵס* את הקונגרֶס הצִיוֹנִי הראשון. הוא נפטר בגיל ארבעים וארבע.

*convened

בן כמה הוא היה כשהוא בא לווינה? באיזו שנה היה הקונגרס הציוני הראשון? באיזו שנה נפטר הרצל?

✍ **Exercise 16: Produce the following sentences in Hebrew. For additional practice, vary their elements**

1. Karen was born in Dallas 24 years ago.

2. Tonight, I want to sleep ~~for~~ nine hours.   (no "for" in Hebrew!)

3. The teacher gave his students eight quizzes (tests) this semester.

4. - How old is your mom? - She is 50 years old.

5. How old was he when he came here?

6. I want to be in Tel Aviv ~~for~~ three months this summer.

7. Her first car didn't run (work) well, so she bought a new car six weeks ago.

8. It is already late! We have to be there at 7:15.

9. Michael and Efrat came to the Kibbutz 17 ago.

The following paragraph is a selection from the seventh chapter of the book of Nehemiah. The chapter lists the people who returned from the Babylonyan exile to the Land of Israel with Zerubabel זרובבל, the son of Jehoiachin יהויכין, king of Judea (or, possibly, his grandson). This wave of immigrants arrived approximately in 520 BCE.

Note that the biblical text does not use -ו here with teens, and allows some other variations in placement of -ו which modern Hebrew does not allow.

6 אֵלֶּה בְּנֵי הַמְּדִינָה הָעֹלִים מִשְּׁבִי הַגּוֹלָה אֲשֶׁר הֶגְלָה נְבוּכַדְנֶצַּר
מֶלֶךְ בָּבֶל וַיָּשׁוּבוּ לִירוּשָׁלַם וְלִיהוּדָה אִישׁ לְעִירוֹ: 7 הַבָּאִים עִם־
זְרֻבָּבֶל יֵשׁוּעַ נְחֶמְיָה עֲזַרְיָה רַעַמְיָה נַחֲמָנִי מָרְדֳּכַי בִּלְשָׁן מִסְפֶּרֶת
בִּגְוַי נְחוּם בַּעֲנָה מִסְפַּר אַנְשֵׁי עַם יִשְׂרָאֵל: 8 בְּנֵי פַרְעֹשׁ אַלְפַּיִם
מֵאָה וְשִׁבְעִים וּשְׁנָיִם: 9 בְּנֵי שְׁפַטְיָה שְׁלֹשׁ מֵאוֹת שִׁבְעִים וּשְׁנָיִם:
10 בְּנֵי אָרַח שֵׁשׁ מֵאוֹת חֲמִשִּׁים וּשְׁנָיִם: 11 בְּנֵי־פַחַת מוֹאָב
לִבְנֵי יֵשׁוּעַ וְיוֹאָב אַלְפַּיִם וּשְׁמֹנֶה מֵאוֹת שְׁמֹנָה עָשָׂר:
12 בְּנֵי עֵילָם אֶלֶף מָאתַיִם חֲמִשִּׁים וְאַרְבָּעָה: 13 בְּנֵי
זַתּוּא שְׁמֹנֶה מֵאוֹת אַרְבָּעִים וַחֲמִשָּׁה: 14 בְּנֵי זַכָּי שְׁבַע מֵאוֹת
וְשִׁשִּׁים: 15 בְּנֵי בִנּוּי שֵׁשׁ מֵאוֹת אַרְבָּעִים וּשְׁמֹנָה:

16 בְּנֵי בֵבָי שֵׁשׁ מֵאוֹת עֶשְׂרִים וּשְׁמֹנָה׃ 17 בְּנֵי עַזְגָּד אַלְפַּיִם
שְׁלֹשׁ מֵאוֹת עֶשְׂרִים וּשְׁנָיִם׃ 18 בְּנֵי אֲדֹנִיקָם שֵׁשׁ מֵאוֹת שִׁשִּׁים
וְשִׁבְעָה׃ 19 בְּנֵי בִגְוָי אַלְפַּיִם שִׁשִּׁים וְשִׁבְעָה׃ 20 בְּנֵי
עָדִין שֵׁשׁ מֵאוֹת חֲמִשִּׁים וַחֲמִשָּׁה׃ 21 בְּנֵי־אָטֵר לְחִזְקִיָּה
תִּשְׁעִים וּשְׁמֹנָה׃ 22 בְּנֵי חָשֻׁם שְׁלֹשׁ מֵאוֹת עֶשְׂרִים וּשְׁמֹנָה׃
23 בְּנֵי בֵצָי שְׁלֹשׁ מֵאוֹת עֶשְׂרִים וְאַרְבָּעָה׃ 24 בְּנֵי
חָרִיף מֵאָה שְׁנֵים עָשָׂר׃ 25 בְּנֵי גִבְעוֹן תִּשְׁעִים וַחֲמִשָּׁה׃
26 אַנְשֵׁי בֵית־לֶחֶם וּנְטֹפָה מֵאָה שְׁמֹנִים וּשְׁמֹנָה׃
27 אַנְשֵׁי עֲנָתוֹת מֵאָה עֶשְׂרִים וּשְׁמֹנָה׃ 28 אַנְשֵׁי בֵית־עַזְמָוֶת
אַרְבָּעִים וּשְׁנָיִם׃ 29 אַנְשֵׁי קִרְיַת יְעָרִים כְּפִירָה וּבְאֵרוֹת
שְׁבַע מֵאוֹת אַרְבָּעִים וּשְׁלֹשָׁה׃ 30 אַנְשֵׁי הָרָמָה וָגָבַע שֵׁשׁ
מֵאוֹת עֶשְׂרִים וְאֶחָד׃ 31 אַנְשֵׁי מִכְמָס מֵאָה וְעֶשְׂרִים וּשְׁנָיִם׃
32 אַנְשֵׁי בֵית־אֵל וְהָעָי מֵאָה עֶשְׂרִים וּשְׁלֹשָׁה׃
33 אַנְשֵׁי נְבוֹ אַחֵר חֲמִשִּׁים וּשְׁנָיִם׃ 34 בְּנֵי עֵילָם אַחֵר אֶלֶף
מָאתַיִם חֲמִשִּׁים וְאַרְבָּעָה׃ 35 בְּנֵי חָרִם שְׁלֹשׁ מֵאוֹת וְעֶשְׂרִים׃
36 בְּנֵי יְרֵחוֹ שְׁלֹשׁ מֵאוֹת אַרְבָּעִים וַחֲמִשָּׁה׃ 37 בְּנֵי־
לֹד חָדִיד וְאוֹנוֹ שְׁבַע מֵאוֹת וְעֶשְׂרִים וְאֶחָד׃ 38 בְּנֵי סְנָאָה
שְׁלֹשֶׁת אֲלָפִים תְּשַׁע מֵאוֹת וּשְׁלֹשִׁים׃
39 הַכֹּהֲנִים בְּנֵי יְדַעְיָה לְבֵית יֵשׁוּעַ תְּשַׁע מֵאוֹת שִׁבְעִים וּשְׁלֹשָׁה׃
40 בְּנֵי אִמֵּר אֶלֶף חֲמִשִּׁים וּשְׁנָיִם׃ 41 בְּנֵי פַשְׁחוּר
אֶלֶף מָאתַיִם אַרְבָּעִים וְשִׁבְעָה׃ 42 בְּנֵי חָרִם אֶלֶף שִׁבְעָה
עָשָׂר׃ 43 הַלְוִיִּם בְּנֵי־יֵשׁוּעַ לְקַדְמִיאֵל לִבְנֵי לְהוֹדְוָה שִׁבְעִים
וְאַרְבָּעָה׃ 44 הַמְשֹׁרְרִים בְּנֵי אָסָף מֵאָה אַרְבָּעִים וּשְׁמֹנָה׃

biographies

☺☹ **Oral practice:**

Study the biographies of the famous people referred to in the stack "biographies." Be prepared to talk about them. Tell your classmates about one of them. Ask your classmates questions based on the biography that you have just presented.

יונתן כותב מכתב לחברה שלו, רינת:

״רינת היקרה! אתמול אמרתי לך שאני רוצה להתחתן איתך ואני לא זוכר אם אמרת ״כן״ או ״לא.״

רינת עונה במכתב:

״יונתן היקר, תודה רבה על המכתב שלך. אתמול אמרתי ״לא״ למישהו, אבל אני לא זוכרת למי!

✍ **Exercise 17: Write a short essay on one of the following topics**

משפחות היום ומשפחות בעבר

הורים וילדים

אנשים צריכים (או לא צריכים) להתחתן

טוב לדעת מתימטיקה

הזמן עובר מהר

✍ **Exercise 18: The family tree on the following page represents four generations of a family. Study it, add names and dates of birth/death to the faces, and write an elaborate survey of the family history. Discuss marriages, children, siblings, and degrees of relatedness among the members of the extended family.**

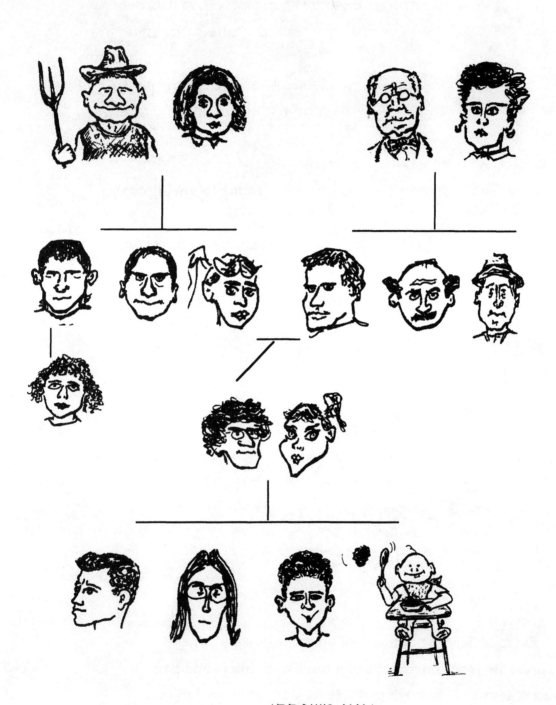

איזו משפחה!

Unit yod-álef

יחידה יא

ﬡ

(be) sick	ﬡ חוֹלֶה (לחלות)
feel	ﬡ מַרְגִּיש (הִרְגִּיש, להרגיש)
hurt (verb, intransitive)	ﬡ כּוֹאֵב (כָּאַב, לכאוב)
physician, doctor	רוֹפֵא (ז., נ. רופְאָה)
everything	הַכּל (ז.)
problem	ﬡ בְּעָיָה (נ., בעייה)
fever, temperature	ﬡ חֹם (ז., חום)

yod-álef

∽ יש לי בעייה!

קמתי חולה הבוקר. אני מרגיש לא טוב ויש לי חום. אני חושב שאני צריך ללכת לרופא.
אבל יש לי בחינה היום באוניברסיטה! אולי אני יכול ללכת לרופא מוקדם בבוקר, לראות
מה הוא יכול לעשות בשבילי ואחר-כך ללכת לאוניברסיטה. אם הרופא לא יכול לראות
אותי, אולי אני צריך לדבר עם האחות. גם היא יודעת מה לעשות! הכל כואב לי-- איך אני
יכול לעשות בחינה?

ya1

יש לאחות שלי יום הולדת היום. היא בת חמש עשרה. אני לא יודעת מה לקנות לה! היא
מאוד אוהבת בגדים, אבל יש לה כבר מספיק בגדים. חוץ מזה, הבגדים שהיא אוהבת
מאוד יקרים, ואין לי מספיק כסף. אין לה ספרים טובים. אולי אני יכולה לקנות לה
ספר מעניין או תַקְלִיטוֹר (CD). בשביל זה יש לי מספיק כסף!

הבעל שלי אוהב סרטים עם "אֶקְשְׁן". אני לא אוהבת אותם. אני אוהבת סרטים
רוֹמַנְטִיים, סִרְטֵי-ילדים או סִרְטֵי-טֶבַע. יש לנו בעייה-- קשה לנו ללכת לסרט שגם
הוא וגם אני אוהבים!

ya2

§ 11.1 Structures imparting possession

As demonstrated earlier, the addition of pronominal suffixes to nouns may impart possession:

שמי, שלומי, אבי

In addition, Hebrew uses the preposition של to impart possession:

השם שלי, האבא שלי

The paragraphs above make use of a structure which is very common in Hebrew, sentences which include a phrase with ל- :

קשה למיכאל לאכול.

טוב לי לשבת כאן בשקט.

הכל **כואב לי.**

יש לנו בעייה.

In such sentences, the subject can occur before or after the prepositional phrase. Some of the sentences are parallel to sentences used in English: *It is hard for me to eat* (but without "it", see §7.2); it is good for me to sit here quietly (though the sentiment imparted by the Hebrew sentence is more like *I feel good sitting here*). Some of our reading passages present a structure which is worth noting: A structure of possession which combines the particle יש and the preposition ל- to indicate the possessor. The subject of such sentences is the possessed element:

יש לי הרבה בעיות בעבודה.

יש לאחות שלי יום הולדת היום.

יש לו תקליטורים בבית.

יש למיכאל חום.

אין לי זמן היום לעבוד בספרייה.

Roughly, such structures translate as "there is + to + (possessor, an object of a preposition ל-) + (what is owned, the subject of the sentence)," as in "there is to him a CD= he has a CD." Negation of such possession is structured in the same way, using the particle אין (there is not to him a CD= he does not have a CD):

אין לי בעיות הסמסטר. אין לי הרבה עבודה והכל בסדר.

אין לו חום אבל הוא מרגיש לא טוב.

☺☺ **Oral Practice:**

Work in a group. Make up questions with ‏יש ל-‏ and ‏אין ל-‏ following the examples below:

מה יש לנו בכיתה?

מה אין לנו בכיתה?

מה יש לך בבית?

מה אין לך בדירה?

✍ **Exercise 1: Produce the following sentences in Hebrew. For additional practice, vary their elements**

1. I have two cats.

2. Dina has five friends from Israel.

3. We do not have time.

4. They have no food (do not have food) at home!

5. Ron has a large family. He has five sisters and two brothers.

6. She has a grandmother, but she does not have a grandfather— he died in 1977.

§ 11.2 The construct state --‏סְמִיכוּת‏-- as a structure indicating possession

What was referred to earlier as "compound nouns" is a combination which is very common in Hebrew. It is called ‏סְמִיכוּת‏ *proximity* or, in grammatical terminology, "the construct state."

Historically, Hebrew preferred to modify nouns by other nouns. Modifying nouns by adjectives has become increasingly common in the modern language. When two nouns are immediately juxtaposed (without a connecting element, such as a conjunction or a preposition), this signals that the latter noun modifies the first one. At times three or more nouns can occur in a chain, in which case the latter modify the earlier ones.

Some of the ‏סְמִיכוּת‏ constructions which were used earlier are:

בית-ספר

עורך-דין

ארוחת-בוקר

אוניברסיטת-חיפה

מקצועות-לימוד

בן-דוד

Like adjectives, the second nouns roughly answer the questions "what kind" or "what": What kind of a meal? a morning meal (breakfast); what university? Haifa University.

As shown in §7.5, when such a construction is definite, the definite article goes with the second noun:

בית-**ה**ספר

עורך-**ה**דין

ארוחת-**ה**בוקר

Singular nouns ending in ָה- and plural nouns ending in ִים- change in the סְמִיכוּת when they are modified by other nouns (§9.1):

בני-ישׂראל (בנים + ישראל)

ארוחת-ערב (ארוחה + ערב)

In many cases Hebrew uses סמיכות to expresses possession:

the man's house (the house of the man)	בית-האיש
the friends' names (the names of the friends)	שמות-החברים

סמיכות is not reserved for possession only. It very often imparts other kinds of relationships, e.g., part to a whole, an element to the materials it is made of, etc.. In that it is very similar to compound nouns or structures using "of" in English: orange juice, a heart of gold, a storyteller.

The placement of the definite article is a good indicator of the difference between סמיכות constructions (noun + noun) and noun + adjective constructions:

בית **ה**ספר (noun + noun)

הבית **ה**יפה (noun + adjective)

✍ **Exercise 2: Produce the following phrases, using סמיכות constructions**

1. The house of David
2. The family of Avital
3. The math books
4. A year of peace
5. My brother's sons
5. My sister's daughters
7. The words of the story
8. The stories of my family
9. The university library
10. The morning lessons

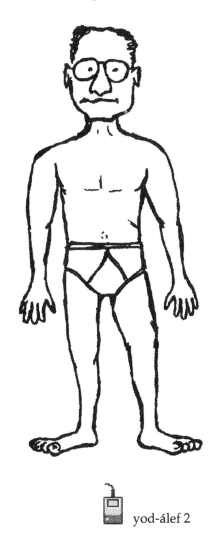

body	גּוּף (ז.)
hand	יָד (נ., ר. ידַיים)
leg	רֶגֶל (נ., ר. רגליים)
elbow	מַרְפֵּק (ז.)
abdomen, belly	בֶּטֶן (נ.)
hip	מֹתֶן (נ., ר. מותנַיים)
back	גַּב (ז.)
knee	בֶּרֶךְ (נ., ר. בִּרְכַּיִם)
chest	חָזֶה (ז., ר. חזות)
breast	שָׁד (ז., ר. שדַיים)
head	רֹאשׁ (ז., ר. רָאשים)
muscle	שְׁרִיר (ז.)
finger, toe	אֶצְבַּע (נ., ר. אצבָּעות)
shoulder	כָּתֵף (נ., ר. כְּתֵפַיים)
buttocks	יַשְׁבָן, עַכּוּז (ז.)
arm	זְרוֹעַ (נ.)

yod-álef 2

כַּף-יָד (נ., ר. כפות-ידַיים) hand (palm)

כַּף-רֶגֶל (נ.,ר. כפות-רגלַיים) foot

לֵב (ז., ר. לְבָבוֹת) heart

צַוָּאר (ז.) (צוואר) neck

גָּרוֹן (ז., ר. גְּרוֹנוֹת) throat

אֹזֶן (נ., ר. אוזנַיים) ear

עַיִן (נ., ר. עֵינַיים) eye

פֶּה (ז., ר. פִּיּוֹת) mouth

שֵׁן (נ., ר. שִׁינַיים) tooth

מֵצַח (ז.) forehead

שְׂעָרוֹת (נ.ר), שֵׂעָר (ז.) hair

אַף (ז., ר. אַפִּים) nose

yod-álef 3

שָׂפָה (נ., ר. שְׂפָתַיים) lip (also: language)

פָּנִים (ז. או נ. ר.) face

אני הולך מהר מאוד כי יש לי רגליים ארוכות. לאישה שלי יש רגליים קצרות וקשה לה ללכת על ידי! אני גבוה והיא נמוכה מאוד. אז מה?

לֶנוּס בתמונה של בוטיצילי יש שערות ארוכות מאוד. הן יורדות מהראש לכתפיים, למותניים ועד הברכיים. יש לה רגליים וידיים ארוכות, צוואר ארוך ואצבעות ארוכות והפנים שלה יפים מאוד.

ya2

כואבת לו שן. הוא צריך ללכת לרופא שיניים!

אני חולה כבר שלושה ימים. כואבים לי הגרון והאוזניים, יש לי חום גבוה, כואבת לי הבטן ואני לא יכול לאכול. השרירים, הברכיים והמרפקים

כואבים לי וגם הראש. הפה שלי יבש ואני צריך
לשתות כל הזמן. כואב לי החזה כשאני משתעל.*
אַסְפִּירִין עוזר לי קצת אבל זה לא מספיק.

ya3

*cough

➵ **Vocabulary notes:**

Like the English word *tongue*, the Hebrew שׂפה carries the meanings *lip* and *language*. A mother tongue, for example, is in Hebrew שְׂפַת-אם.

The regular plural שׂפות is used for *languages*, and the dual שׂפתיים for *lips*.

the body

☺☹ **Oral Practice:**

Work in a group. Initiate a conversation about doctors, medicine, aches and pains following the examples below:

מי צריך ללכת לרופא שיניים? (מי שכואבות לו השיניים צריך ללכת לרופא שיניים).
מי הולך לרופא נשים?
מתי אנשים הולכים לרופא אף-אוזן-גרון?
מי הולך לרופא עיניים?

Exercise 3: Match words from column א with words in column ב

ב	א
עיניים	כותבים
על הגב	כובע
רגליים	יושבים
ישבן	שותים
יד	רואים
ראש	מכנסיים
פה	ישנים
רגל	חולים
חום	סנדל

₪

exercise (physical)	₪ הִתְעַמְּלוּת (נ.)
run (verb)	₪ רָץ (לָרוּץ)
get up, stand up	₪ קָם (לָקוּם)
rest (verb)	₪ נָח (לָנוּחַ)
forward	₪ קָדִימָה
backward	₪ אָחוֹרָה
to the left	₪ שְׂמֹאלָה
to the right	₪ יָמִינָה
side	₪ צַד (ז., ר. צדדים)
to the side, sideways	₪ הַצִּדָּה (הצידה)

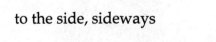 yod-álef 4

יש לנו היום שיעור-התעמלות. אנחנו רצים קילומטר אחד ואז יושבים,
נחים קצת, קמים, ושוב רצים. אחרי שיעורי-התעמלות אני תמיד עייפה
מאוד, אז אני הולכת הביתה לנוח. אני לא אוהבת לעשות התעמלות,
אבל אני יודעת שזה בריא לגוף וטוב בשבילי.

 ya4

לפופאי יש שרירים חזקים כי הוא אוכל הרבה תֶּרֶד*! *spinach

אתה צריך ללכת שמאלה ברחוב דוויד המלך, ימינה ברחוב שאול המלך,
ושוב שמאלה ברחוב שלומציון המלכה.

§ 11.3 ־ָה as a marker pointing to a direction

One can make reference to a direction in two ways. It is commonly done with the preposition -ל:

אני צריך ללכת לצד ימין ברחוב דיזנגוף ולצד שׂמאל ברחוב הבנים.
אני רוצה ללכת לַבית לנוח.
יהושע עלה לארץ ב-1995.
את צריכה לנסוע לאחור עכשיו. (לאחור=backwards)

One can also make use of a ־ָה suffix added to the destination of choice:

אני צריך ללכת ימינ**ה** ברחוב דִיזֶנְגוֹף ושׂמאלה ברחוב הבנים.
אני רוצה ללכת הבית**ה** לנוח.
יהושע עלה ארצ**ה** ב-1995.
את צריכה לנסוע אחור**ה** עכשיו.
אתה יכול בבקשה ללכת קדימ**ה** מהר?

The use of this structure is limited to a few nouns like the ones above and is gradually diminishing in the modern language.

☺☹ **Oral Practice:**

Work in a group. Study the provided map, and discuss the following questions and others that may be based on it:

איך אני הולכת מרחוב הגֶפֶן מספר עשרים ושלוש לרחוב התְאֵנָה מספר חמישים?
איך אני הולכת מבית-הספר הביתה? (אני גרה ברחוב הכרמל מספר תשעים ושלוש)
איך אני הולך מהקפטריה ברחוב הרצל לבית של דוויד ברחוב הבנים?
איך אני נוסע מהבית של אחי ברחוב בנימין לבית של אחותי ברחוב שלמה המלך?

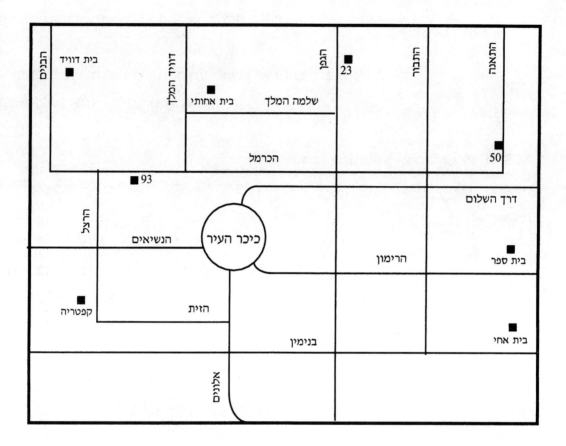

✍ **Exercise 4: Produce the following sentences in Hebrew. For additional practice, vary their elements**

1. We worked very hard today. We want to rest ~~for~~ two hours now.

    (~~for~~ = a part of the English expression only!)

2. The man ~~over~~ there with the short hair and the glasses is my husband.

3. Rachel didn't buy sunglasses, so it is difficult for her to be in the sun.

4. Shira's legs are long, and she runs very fast.

5. Children with enough teeth in ~~their~~ mouth can eat meat.

6. His parents are living in Los Angeles.

7. My family came to Israel from Morocco.

8. I need to go home in order to eat lunch.

9. We went (traveled) left and then right, but we did not see the house. It was not there!

10. We should not move to the back! We can see the movie well from here.

11. She does not need to get up early.

English/Hebrew Glossary

A

abdomen, belly	בֶּטֶן (נ.)	190
(be) able	יָכוֹל	45
about	עַל	70
abroad	חוּץ-לָאָרֶץ	116
actor, player	שַׂחְקָן (ז., נ. שַׂחְקָנִית)	136
address (noun)	כְּתוֹבֶת (נ.)	162
after	אַחֲרֵי	169
afternoon	אַחַר-הַצָּהֳרַיִם (אחר הצוהריים)	169
afterwards, later	אַחַר-כָּךְ	164
again	שׁוּב	169
age (noun)	גִּיל (ז.)	164
ago	לִפְנֵי	169
agricultural (adj.)	חַקְלָאִי	136
all, each, every	כֹּל, כָּל	120
all right, fine, well	בְּסֵדֶר	28
almost	כִּמְעַט	144
already	כְּבָר	169
also, too	גַּם	41
always	תָּמִיד	144
America	אֲמֶרִיקָה (נ.)	28
and (prefix)	וְ-, וּ-, וַ-, וָ-	20
answer (noun)	תְּשׁוּבָה (נ.)	131
apartment	דִּירָה (נ., ר. דִּירוֹת)	57
appetite	תֵּאָבוֹן (ז., תיאבון)	104
April	אַפְּרִיל	176
area of study (major)	מִקְצוֹעַ-לִמּוּד (ז., לימוד)	139
arm (noun)	זְרוֹעַ (נ., ר. זרוֹעוֹת)	188
ask	שָׁאַל (לִשְׁאֹל לשאול)	69
ask, request (verb)	בִּקֵּשׁ (ביקש, לְבַקֵּשׁ)	97
at, at the	בְּ-, בַּ-	25, 112
August	אוֹגוּסְט	176
autumn	סְתָיו (ז.)	82

B

back	גַּב (ז.)	187
backward	אָחוֹרָה	190
bad, evil	רַע	104
bank	בַּנְק (ז.)	97
be	הָיָה (הייה, לִהְיוֹת)	135
because	כִּי	86
because	בִּגְלַל	86
before, ago	לִפְנֵי	169
big	גָּדוֹל	104
biology	בִּיוֹלוֹגְיָה (נ.)	139
birthday	יוֹם-הֻלֶּדֶת (ז., ר. יְמֵי- הֻלֶּדֶת הולדת)	175
bless you! (for health)	לִבְרִיאוּת, לַבְּרִיאוּת!	104
body	גּוּף (ז.)	187
bon appétit!	בְּתֵאָבוֹן (בתיאבון)!	104
book (noun)	סֵפֶר (ז., ר. סְפָרִים)	69
boring	מְשַׁעֲמֵם	104

194

exercise (physical, noun)	הִתְעַמְּלוּת (נ.)	190
exercise, problem (noun)	תַּרְגִּיל (ז.)	89
expensive	יָקָר	104
eye (noun)	עַיִן (נ., עיין ר. עֵינַיִם עיניים)	188

F

face (noun)	פָּנִים (ז. או נ. ר.)	188
falafel	פָלָפֶל, פָלָאפֶל (ז.)	102
fall (noun), autumn	סְתָיו (ז.)	82
fall (rain, snow)	יָרַד (לָרֶדֶת)	120
family	מִשְׁפָּחָה (נ.)	164
farmer	חַקְלַאי (נ. חקלאית)	136
fast, quickly	מַהֵר	77
father	אָב, אַבָּא (ז.)	164
February	פֶבְּרוּאָר	176
feel	מַרְגִּיש (הִרְגִּיש, להרגיש)	183
female	נְקֵבָה (נ.)	52
feminine	נְקֵבָה (נ.)	52
fever, temperature	חֹם (ז., חום)	183
fifteen	חֲמֵש-עֶשְׂרֵה חֲמִשָּׁה-עָשָׂר	158
fifth	חֲמִישִׁי חֲמִישִׁית	157
fifty	חֲמִשִּׁים (חמישים)	158
fine, well	בְּסֵדֶר	28
finger, toe	אֶצְבַּע (נ., ר. אֶצְבָּעוֹת)	187
first	רִאשׁוֹן רִאשׁוֹנָה	157
fit, becoming, appropriate	מַתְאִים	143
five	חָמֵש חֲמִשָּׁה (חמישה)	84, 158
food	אֹכֶל (ז., אוכל)	97
foot	כַּף-רֶגֶל (נ., ר. כַּפּוֹת-רַגְלַיִם כפות-רגליים)	188
for	בִּשְׁבִיל	112
forehead	מֵצַח (ז.)	177
fork	מַזְלֵג (ז., ר. מַזְלְגוֹת)	109
forty	אַרְבָּעִים	158
forward	קָדִימָה	190
four	אַרְבַּע אַרְבָּעָה	84, 158
fourteen	אַרְבַּע-עֶשְׂרֵה אַרְבָּעָה-עָשָׂר	158
fourth	רְבִיעִי רְבִיעִית	157
freedom	חֹפֶש (ז.,חופש)	120
french fries	צִ'יפְּס (ז.)	102
fresh	טָרִי	104
Friday	יום שִׁשִּׁי (יום שישי)	83
friend, boyfriend, member	חָבֵר (ז., נ. חֲבֵרָה)	52
from, from the	מִ-, מֵ-, מֵהַ-	53, 89
from where?	מֵאַיִן, מֵהֵיכָן ?	128
fruit	פְּרִי (ז., ר. פֵּרוֹת פירות)	102
future, future tense	עָתִיד (ז.)	65

G

gardener	גַּנָּן (ז., נ. גַּנֶּנֶת)	136
garment, cloth	בֶּגֶד (ז.)	141
geography	גֵּיאוֹגְרַפְיָה (נ.)	139
get	קִבֵּל (קיבל, לְקַבֵּל)	131
get up, stand up	קָם (לָקוּם)	190
give	נָתַן ל... (לָתֵת)	112

M

major, area of study	מִקְצוֹעַ-לִמּוּד (ז., לימוד)	139
mailman	דַּוָּר (ז., נ. דַּוָּרִית דוור/ית)	136
make	עָשָׂה (לַעֲשׂוֹת)	45
male, masculine	זָכָר (ז.)	52
man	אִישׁ (ז., ר. אֲנָשִׁים)	58
many	רַבִּים, רַבּוֹת	52
March	מֶרְץ	176
market (noun)	שׁוּק (ז., ר. שְׁוָקִים שווקים)	97
(get) married, marry	הִתְחַתֵּן (לְהִתְחַתֵּן)	164
mate (noun)	בֶּן-זוּג, בַּת-זוּג	165
mathematics	מָתֶמָטִיקָה (מתימטיקה)	33
May	מַאי	176
may	יָכוֹל	45
maybe	אוּלַי	131
meal	אֲרוּחָה (נ.)	97
measure (verb)	מָדַד (לִמְדֹּד למדוד)	141
meat	בָּשָׂר (ז.)	102
member	חָבֵר (ז., נ. חֲבֵרָה)	52
menu	תַּפְרִיט (ז.)	102
Middle Eastern Studies	לִמּוּדֵי הַמִּזְרָח הַתִּיכוֹן	139
midnight	חֲצוֹת (נ.)	169
milk (noun)	חָלָב (ז.)	101
minus	מִינוּס	172
minute	דַּקָּה (נ.)	169
Monday	יוֹם שֵׁנִי	83
money	כֶּסֶף (ז.)	97
month	חֹדֶשׁ (ז., חודש ר. חֳדָשִׁים חודשים)	82
morning	בֹּקֶר (ז., בוקר)	28
moshav (agricultural settlement)	מוֹשָׁב (ז.)	52
mother	אֵם, אִמָּא (נ., ר. אִמָּהוֹת)	165
mouth	פֶּה (ז., ר. פִּיּוֹת)	188
movie, ribbon	סֶרֶט (ז., ר. סרטים)	116
much, a lot (adverb)	הַרְבֵּה	97
muscle	שְׁרִיר (ז.)	187
music	מוּזִיקָה (נ.)	139

N

name (noun)	שֵׁם (ז., ר. שֵׁמוֹת)	20
name (verb)	קָרָא לְ...	112
near, next to	עַל-יַד	131
neck	צַוָּאר (ז., צוואר)	188
need (verb), should, have to	צָרִיךְ	45
nephew	אַחְיָן (ז., אחיין נ. אַחְיָנִית אחיינית)	165
new	חָדָשׁ	143
newspaper	עִתּוֹן (ז., עיתון)	57
next to	עַל-יַד	131
Nice meeting you!	נָעִים מְאֹד! (נעים מאוד)	20
nice, nicely	יָפֶה	77
night	לַיְלָה (ז., ר. לֵילוֹת)	58
nine	תֵּשַׁע תִּשְׁעָה	84, 158
nineteen	תְּשַׁע-עֶשְׂרֵה תִּשְׁעָה-עָשָׂר	158
ninety	תִּשְׁעִים	159
ninth	תְּשִׁיעִי תְּשִׁיעִית	157

no	לֹא	33
noon	צָהֳרַיִם (ז. ר., צוהריים)	104
nose	אַף (ז., ר. אַפִּים)	186
not yet	עוֹד לֹא, עֲדַיִן לא (עדיין לא)	169
notebook	מַחְבֶּרֶת (נ., ר. מַחְבָּרוֹת)	57
November	נוֹבֶמְבֶּר	176
now	עַכְשָׁיו	45
number (noun)	מִסְפָּר (ז.)	157

O

occupation, job	מִקְצוֹעַ (ז., ר. מקצועות)	137
October	אוקְטוֹבֶּר	176
of, belonging to	שֶׁל	52
office	מִשְׂרָד (ז.)	41
old	יָשָׁן	143
on, about	עַל	70
once, instance	פַּעַם (נ., ר. פְּעָמִים)	70
one	אַחַת אֶחָד	84, 158
only	רַק	41
or	אוֹ	41
orange juice	מִיץ-תַּפּוּזִים (ז.)	101
outdoors	חוּץ (ז.)	116
outside	בַּחוּץ	116

P

page (noun)	עַמּוּד (ז.)	89
pair, couple (noun)	זוּג (ז., ר. זוּגוֹת)	142
panties	תַּחְתּוֹנִים (ז. ר.)	141
pants, slacks	מִכְנָסַיִם (ז., מכנסיים)	142
paper (sheet)	נְיָר (נייר ז., ר. ניירות)	89
pardon/excuse/forgive me	סְלִיחָה	28
parents	הוֹרִים (ז.)	164
partner	בֶּן-זוּג, בַּת-זוּג	165
past tense	עָבָר (ז.)	65
(verb) pattern	בִּנְיָן (ז., בניין)	65
pay (verb)	שִׁלֵּם (שילם, לְשַׁלֵּם)	97
peace, Hello! Hi! Bye!	שָׁלוֹם	20, 32
pen	עֵט (ז.)	89
pencil	עִפָּרוֹן (עיפרון ז., ר. עֶפְרוֹנוֹת)	89
people	אֲנָשִׁים	58
perhaps, maybe	אוּלַי	131
person	אִישׁ (ז., ר. אֲנָשִׁים)	58
physician, doctor	רוֹפֵא (ז., נ. רוֹפְאָה)	137
physics	פִיזִיקָה (נ.)	139
pita bread	פִּיתָה (נ.)	102
place (noun)	מָקוֹם (ז., ר. מְקוֹמוֹת)	58
plate, saucer	צַלַּחַת (נ.)	109
pleasant	נָעִים	20
Please meet!	נָא לְהַכִּיר!	53
plural (m), plural (f), many	רַבִּים, רַבּוֹת	52
plus (in addition)	וְעוֹד, פְּלוּס	172
political science, government	מַדָּעֵי-הַמְּדִינָה	139
politician	פּוֹלִיטִיקַאי (ז., נ. פוליטיקאית)	136
prepositions	מִלּוֹת- יַחַס (נ.)	112

seventeen	שְׁבַע-עֶשְׂרֵה שִׁבְעָה-עָשָׂר	158
seventh	שְׁבִיעִי שְׁבִיעִית	157
seventy	שִׁבְעִים	159
she, it	הִיא	39
shekel (Israeli currency)	שֶׁקֶל (ז.)	97
shirt	חֻלְצָה (נ., חולצה)	141
shoe	נַעַל (נ., ר. נַעֲלַיִם נעליים)	141
shop (noun)	חֲנוּת (ר. חֲנֻיּוֹת חנויות)	58
short	קָצָר	144
short, low	נָמוּךְ	144
should, have to	צָרִיךְ	45
shoulder	כָּתֵף (נ., ר. כְּתֵפַיִם כתפיים)	187
sick	חוֹלֶה (לחלות)	183
side	צַד (ז., ר. צְדָדִים)	190
(to the) side, sideways	הַצִּדָּה (הצידה)	190
sing	שָׁר (לָשִׁיר)	75
singular (m), singular (f)	יָחִיד, יְחִידָה	52
sister (also: nurse)	אָחוֹת (נ., ר. אֲחָיוֹת)	165
sit	יָשַׁב (לָשֶׁבֶת)	33
six	שֵׁשׁ שִׁשָּׁה (שישה)	84, 158
sixteen	שֵׁשׁ-עֶשְׂרֵה שִׁשָּׁה-עָשָׂר	158
sixth	שִׁשִּׁי שִׁשִּׁית (שישי שישית)	157
sixty	שִׁשִּׁים (שישים)	159
skirt	חֲצָאִית (נ., ר. חֲצָאִיּוֹת)	141
sky	שָׁמַיִם (ז. ר., שמיים)	120
slang	סְלֶנְג	28
sleep (verb)	יָשֵׁן (לִישׁוֹן)	169
sleeve	שַׁרְווּל (ז.)	141
slowly	לְאַט	77
small	קָטָן	104
sneakers, tennis shoes	נַעֲלֵי-הִתְעַמְּלוּת (נ.)	141
snow (noun)	שֶׁלֶג (ז.)	120
so, thus, at that point	אָז	116
sociology	סוֹצְיוֹלוֹגְיָה (נ.)	139
sock	גֶּרֶב (ז., ר. גַּרְבַּיִם גרביים)	141
soldier	חַיָּל (ז., חייל נ. חַיֶּלֶת חיילת)	53
someone	מִישֶׁהוּ (ז.)	131
something	מַשֶּׁהוּ (ז.)	131
sometimes	לִפְעָמִים	144
son	בֵּן (ז., ר. בָּנִים)	165
song	שִׁיר (ז.)	57
soup	מָרָק (ז.)	102
speak	דִּבֵּר (דיבר, לְדַבֵּר)	37
special	מְיֻחָד (מיוחד, נ. מְיֻחֶדֶת מיוחדת)	143
spring (noun)	אָבִיב (ז.)	82
stand up, get up	קָם (לָקוּם)	190
step-father	אָב חוֹרֵג (ז.)	165
still (adverb), yet	עֲדַיִן (עדיין)	169
store (noun)	חֲנוּת (ר. חֲנֻיּוֹת חנויות)	58
story	סִפּוּר (ז., סיפור)	70
street	רְחוֹב (ז., ר. רְחוֹבוֹת)	58
student	סְטוּדֶנְט (ז., נ. סטוּדֶנְטִית)	25
study (verb), learn	לָמַד (לִלְמֹד ללמוד)	33
sufficiently, sufficient, enough	מַסְפִּיק	144

summer	קַיִץ (ז., קייץ)	82
sun	שֶׁמֶשׁ (ז. או נ.)	120
Sunday	יום רִאשׁוֹן	83
sunglasses	מִשְׁקְפֵי-שֶׁמֶשׁ (ז.)	142
sunny, clear	בָּהִיר	120
supermarket	סוּפֶּרמַרְקֶט (ז.)	97
sweater	סְוֶדֶר (ז., סוודר)	142

T

t-shirt	חֻלְצַת-״טִי״ (חולצת-״טי״)	141
tablespoon	כַּף (נ., ר. כַּפּוֹת)	109
tahini sauce	טְחִינָה (נ.)	102
tall, high	גָּבוֹהַּ	144
tasty	טָעִים	104
tea	תֵּה (ז.)	101
teach	לִמֵּד (לימד, לְלַמֵּד)	33, 37
teacher	מוֹרֶה (ז., נ. מוֹרָה)	25
teaspoon	כַּפִּית (נ., ר. כַּפִּיוֹת)	109
telephone	טֶלֶפוֹן (ז.)	28
television	טֶלֶוִיזְיָה (נ., טלוויזיה)	116
tell	סִפֵּר (סיפר, לְסַפֵּר)	69
temperature (fever)	חֹם (ז., חום)	183
ten	עֶשֶׂר עֲשָׂרָה	84
tennis shoes	נַעֲלֵי-הִתְעַמְּלוּת (נ.)	141
tense	זְמָן (ז.)	65
tenth	עֲשִׂירִי עֲשִׂירִית	157
test (noun)	מִבְחָן (ז.), בְּחִינָה (נ.)	89
Thanks! Thank you	תּוֹדָה	28
that, who, which (subordinating particle)	שֶׁ-	120
the (definite article)	הַ-, הָ-, הֶ-	25, 82
the land— Israel	הָאָרֶץ	116
then, so, thus, at that point	אָז	116
there	שָׁם	45
there is not, there are not	אֵין	103
there is, there are	יֵשׁ	103
these	אֵלֶּה	52
they (f)	הֵן	39
they (m)	הֵם	39
thing	דָּבָר (ז.)	97
think	חָשַׁב (לַחֲשֹׁב, לַחְשֹׁב לחשוב)	120
third	שְׁלִישִׁי שְׁלִישִׁית	157
(be) thirsty	צָמֵא	169
thirteen	שְׁלוֹשׁ-עֶשְׂרֵה שְׁלוֹשָׁה-עָשָׂר	158
thirty	שְׁלוֹשִׁים	158
this (m), this (f)	זֶה, זֹאת	52
thousand	אֶלֶף	159
three	שָׁלוֹשׁ שְׁלוֹשָׁה	84, 158
throat	גָּרוֹן (ז., ר. גְּרוֹנוֹת)	188
Thursday	יום חֲמִישִׁי	83
time, era, tense	זְמָן (ז.)	65
times, double (in multiplication)	כָּפוּל	172
(be) tired	עָיֵף (עייף)	169
to, to the	לְ-, לַ-	86
to, toward	אֶל	112

wind, spirit	רוּחַ (ז. או נ., ר. רוּחוֹת)	120
winter	חֹרֶף (ז.,חורף)	82
with	עִם	41
without	בְּלִי	102
woman, wife	אִשָּׁה (נ., אישה ר. נָשִׁים)	58
word	מִלָּה (נ. ר. מִלִּים מילים/מִלּוֹת)	112
work (verb)	עָבַד (לַעֲבֹד לעבוד)	41
work (noun)	עֲבוֹדָה (נ.)	41
worth (adjective)	שָׁוֶה (שווה)	172
write	כָּתַב (לִכְתֹּב לכתוב)	33

Y

year	שָׁנָה (נ., ר. שָׁנִים)	82
yes	כֵּן	33
yesterday	אֶתְמוֹל	70
yet	עֲדַיִן (עדיין)	169
you (f. pl.)	אַתֶּן	39
you (f. sg.)	אַתְּ	39
you (m. pl.)	אַתֶּם	39
you (m. sg.)	אַתָּה	39
You are welcome; please	בְּבַקָּשָׁה	28
young man, guy	בָּחוּר (ז., נ. בָּחוּרָה)	57

Z

zero	אֶפֶס	158
zip code	מִקּוּד (ז., מיקוד)	162
zoology	זוֹאוֹלוֹגְיָה (נ.)	139

Hebrew/English Glossary

א

father	אָב, אַבָּא (ז.)	164
step-father	אָב חוֹרֵג (ז.)	165
spring (noun)	אָבִיב (ז.)	82
but, however	אֲבָל	45
like, love (verb)	אָהַב (לֶאֱהֹב לאהוב)	33
or	אוֹ	41
August	אוֹגוּסט	176
like, love (verb)	אוֹהֵב (אָהַב, לֶאֱהֹב לאהוב)	33
eat	אוֹכֵל (אָכַל, לֶאֱכֹל לאכול)	41
perhaps, maybe	אוּלַי	131
university	אוּנִיבֶרְסִיטָה (נ., ר. אוּנִיבֶרְסִיטָאוֹת)	25
October	אוֹקְטוֹבֶּר	176
guest	אוֹרֵחַ (ז., נ. אוֹרַחַת)	53
then, so, thus, at that point	אָז	116
ear	אֹזֶן (אוזן, נ., ר. אָזְנַיִם אוזניים)	188
brother	אָח (ז.)	165
backward	אָחוֹרָה	190
sister (also: nurse)	אָחוֹת (נ., ר. אֲחָיוֹת)	165
nephew	אַחְיָן (ז., אחיין נ. אַחְיָנִית אחיינית)	165
afternoon	אַחַר-הַצָּהֳרַיִם (אחר הצוהריים)	169
after	אַחֲרֵי	169
afterwards, later	אַחַר-כָּךְ	164

ה

the (definite article)	הַ-, הָ-, הֶ-	25, 82
(question marker)	הַאִם?	33
<u>the</u> land— Israel	הָאָרֶץ	116
he, it	הוּא	39
present, present tense	הוֹוֶה (ז.)	65
parents	הוֹרִים (ז.)	164
she, it	הִיא	39
be	הָיָה (הייה, לִהְיוֹת)	135
today	הַיּוֹם	70
well	הֵיטֵב	77
everything	הַכֹּל (ז.)	28, 183
(everything is) fine!	הַכֹּל בְּסֵדֶר	28
go, walk	הָלַךְ (לָלֶכֶת)	89
they (m)	הֵם	39
they (f)	הֵן	39
engineering	הַנְדָּסָה (נ.)	139
discount (noun)	הַנָּחָה (נ.)	141
history	הִסְטוֹרְיָה (נ.)	33
to the side, sideways	הַצִּדָּה (הצידה)	190
much, a lot (adverb)	הַרְבֵּה	97
feel	הִרְגִּישׁ (לְהַרְגִּישׁ)	183
put on (glasses)	הִרְכִּיב (לְהַרְכִּיב)	141
get married, marry	הִתְחַתֵּן (לְהִתְחַתֵּן)	164
exercise (physical, noun)	הִתְעַמְּלוּת (נ.)	190

ו

and (prefix)	וְ-, וּ-, וַ-, וָ-	20
plus (in addition)	וְעוֹד, פְּלוּס	172

ז

this (m), this (f)	זֶה, זֹאת	52
zoology	זוֹאוֹלוֹגְיָה (נ.)	139
pair, couple (noun)	זוּג (ז., ר. זוּגוֹת)	142
cheap	זוֹל	104
male, masculine	זָכָר (ז.)	52
time, era, tense	זְמָן (ז.)	65
arm (noun)	זְרוֹעַ (נ., ר. זרוֹעוֹת)	188

ח

put on (hat, wig, skullcap)	חָבַשׁ (לַחֲבֹשׁ, לַחְבֹּשׁ לחבוש)	141
friend, boyfriend, member	חָבֵר (ז., נ. חֲבֵרָה)	52
month	חֹדֶשׁ (ז., חודש ר. חֳדָשִׁים חודשים)	82
new	חָדָשׁ	143
sick	חוֹלֶה (לחלות)	183
hummus	חוּמוּס (ז.)	102
outdoors	חוּץ (ז.)	116
abroad	חוּץ-לָאָרֶץ	116
chest	חָזֶה (ז., ר. חָזוֹת)	187
return (verb)	חָזַר (לַחֲזֹר, לַחְזֹר לחזור)	117
bra	חֲזִיָּה (נ., חזייה)	141
live	חַי (לִחְיוֹת)	164
soldier	חַיָּל (ז., חייל נ. חַיֶּלֶת חיילת)	53

milk (noun)	חָלָב (ז.)	101
shirt	חֻלְצָה (נ., חולצה)	141
t-shirt	חֻלְצַת-״טִי״ (חולצת ״טי״)	141
warm, hot	חַם	104
fever, temperature	חֹם (ז., חום)	183
five	חָמֵשׁ חֲמִשָּׁה (חמישה)	84, 158
fifteen	חֲמֵשׁ-עֶשְׂרֵה חֲמִשָּׁה-עָשָׂר	158
fifth	חֲמִישִׁי חֲמִישִׁית	157
fifty	חֲמִשִּׁים (חמישים)	158
education	חִנּוּךְ (ז., חינוך)	139
shop, store (noun)	חֲנוּת (ר. חֲנֻיּוֹת חנויות)	58
liberty, freedom, vacation	חֹפֶשׁ (ז.,חופש)	120
skirt	חֲצָאִית (נ., ר. חֲצָאִיּוֹת)	141
midnight	חֲצוֹת (נ.)	169
half	חֲצִי, חֵצִי (ז., ר. חֲצָאִים)	84
agricultural (adjective)	חַקְלָאִי	136
farmer	חַקְלַאי (נ. חקלאית)	136
winter	חֹרֶף (ז.,חורף)	82
think	חָשַׁב (לַחֲשֹׁב, לַחְשֹׁב לחשוב)	120
calculus, math	חֶשְׁבּוֹן (ז.)	172
cat	חָתוּל (ז., נ. חֲתוּלָה)	57
		ט
good, well, OK	טוֹב	28
toast (noun)	טוֹסְט (ז.)	102
tahini sauce	טְחִינָה (נ.)	102
trip, tour (noun)	טִיּוּל (ז.)	117
television	טֶלֶוִיזְיָה (נ., טלוויזיה)	116
telephone	טֶלֶפוֹן (ז.)	28
tasty	טָעִים	104
fresh	טָרִי	104
		י
dry (adjective)	יָבֵשׁ	120
hand (noun)	יָד (נ., ר. יָדַיִם ידיים)	187
know	יָדַע (לָדַעַת)	89
July	יוּלִי	175
day	יוֹם (ז., ר. יָמִים)	70
birthday	יוֹם-הֻלֶּדֶת (ז., ר. יְמֵי- הֻלֶּדֶת הולדת)	175
Thursday	יום חֲמִישִׁי	83
Sunday	יום רִאשׁוֹן	83
Wednesday	יום רְבִיעִי	83
Tuesday	יום שְׁלִישִׁי	83
Monday	יום שֵׁנִי	83
Friday	יום שִׁשִּׁי (יום שישי)	84
June	יוּנִי	176
sit	יוֹשֵׁב (יָשַׁב, לָשֶׁבֶת)	33
singular (m), singular (f)	יָחִיד, יְחִידָה	52
unit	יְחִידָה (נ.)	52
can, be able, may	יָכוֹל	45
child	יֶלֶד (ז., נ. יַלְדָּה)	57
to the right	יָמִינָה	190
January	יָנוּאָר	175
nice, nicely	יָפֶה	77

expensive	יָקָר	104
go/come down, fall (rain, snow)	יָרַד (לָרֶדֶת)	120
vegetable	יֶרֶק (ז., ר. יְרָקוֹת)	102
there is, there are	יֵשׁ	103
sit	יָשַׁב (לָשֶׁבֶת)	33
buttocks	יַשְׁבָן, עַכּוּז (ז.)	187
old	יָשָׁן	143
sleep (verb)	יָשֵׁן (לִישׁוֹן)	169
Israel	יִשְׂרָאֵל	28

כ

here	כָּאן	45
already	כְּבָר	169
in order (to)	כְּדֵי	128
hurt (verb, intransitive)	כּוֹאֵב (כָּאַב, לכאֹב לכאוב)	183
hat	כּוֹבַע (ז.)	141
glass (for drinking)	כּוֹס (נ., ר. כוֹסוֹת)	109
write	כּוֹתֵב (כָּתַב, לִכְתֹּב לכתוב)	33
because	כִּי	86
chemistry	כִימְיָה (נ.)	139
each, every, all	כֹּל, כָּל	120
dog	כֶּלֶב (ז., נ. כַּלְבָּה)	57
economics	כַּלְכָּלָה (נ.)	139
How much, How many?	כַּמָּה?	128
almost	כִּמְעַט	144
yes	כֵּן	33
money	כֶּסֶף (ז.)	97
tablespoon	כַּף (נ., ר. כַּפּוֹת)	109
hand (palm)	כַּף-יָד (נ., ר. כַּפּוֹת-יָדַיִם כפות-ידיים)	188
foot	כַּף-רֶגֶל (נ., ר. כַּפּוֹת-רַגְלַיִם כפות-רגליים)	188
times, double (in multiplication)	כָּפוּל	172
teaspoon	כַּפִּית (נ., ר. כַּפִּיוֹת)	109
credit card	כַּרְטִיס-אַשְׁרַאי (ז.)	97
sandwich	כָּרִיךְ (ז.)	102
when, at the time that...	כְּשֶׁ-	131
write	כָּתַב (לִכְתֹּב, לכתוב)	33
class, classroom	כִּתָּה (נ., כיתה)	41
address (noun)	כְּתוֹבֶת (נ.)	162
shoulder	כָּתֵף (נ., ר. כְּתֵפַיִם כתפיים)	187

ל

to, to the	לְ-, לַ-	86
no	לֹא	33
slowly	לְאַט	77
Where to?	לְאָן?	86
heart	לֵב (ז., ר. לְבָבוֹת)	188
wear (clothing)	לָבַשׁ (לִלְבֹּשׁ ללבוש)	141
bless you! (for health)	לִבְרִיאוּת, לַבְּרִיאוּת!	104
Bye! See you!	לְהִתְרָאוֹת, לְהִת.!	28, 30
calendar, board	לוּחַ (ז., ר. לוּחוֹת)	175
study (verb)	לוֹמֵד (לָמַד, לִלְמֹד ללמוד)	33
humid	לַח	120
divided by... (in division)	לְחַלֵּק לְ-...	172
bread	לֶחֶם (ז.)	102

night	לַיְלָה (ז., ר. לֵילוֹת)	58
lemonade	לִימוֹנָדָה (נ.)	101
study (verb), learn	לָמַד (לִלְמֹד ללמוד)	33
teach	לִמֵּד (לימד, לְלַמֵּד)	33, 37
Why? For what purpose?	לָמָּה?	86
Middle Eastern Studies	לִמּוּדֵי הַמִּזְרָח הַתִּיכוֹן	139
before, ago	לִפְנֵי	169
sometimes	לִפְעָמִים	144

מ

from, from the	מִ-, מֵ-, מֵהַ-	53, 89
very	מְאֹד (מאוד)	20
hundred	מֵאָה	159
late	מְאֻחָר (מאוחר)	169
May	מַאי	176
from where?	מֵאַיִן ?	128
exam, quiz, test	מִבְחָן (ז.)	89
speak	מְדַבֵּר (דִּבֵּר דיבר, לְדַבֵּר)	37
try on, measure (verb)	מָדַד (לִמְדֹּד למדוד)	141
Why? For what reason?	מַדּוּעַ?	128
political science, government	מַדָּעֵי-הַמְּדִינָה	139
What ?	מַה ?	20
How are things?	מַה הָעִנְיָנִים (מה העניינים)?	30
How are things?	מַה נִּשְׁמַע?	28
How are you?	מַה שְּׁלוֹמְךָ?	32
What is your (m. sg.) name?	מַה שִּׁמְךָ?	20
from where?	מֵהֵיכָן?	128
fast, quickly	מַהֵר	77
music	מוּזִיקָה (נ.)	139
teacher	מוֹרֶה (ז., נ. מוֹרָה)	25
moshav (agricultural settlement)	מוֹשָׁב (ז.)	52
weather	מֶזֶג-אֲוִיר (ז., מזג-אוויר)	120
secretary	מַזְכִּיר (ז., נ. מזכירה)	136
fork	מַזְלֵג (ז., ר. מַזְלְגוֹת)	109
cash (noun)	מְזֻמָּן (ז., מזומן)	97
notebook	מַחְבֶּרֶת (נ., ר. מַחְבָּרוֹת)	57
tomorrow	מָחָר	169
who?	מִי?	33
special	מְיֻחָד (מיוחד, נ. מְיֻחֶדֶת מיוחדת)	143
water	מַיִם (ז. ר., מיים)	101
minus	מִינוּס	172
juice	מִיץ (ז.)	101
orange juice	מִיץ-תַּפּוּזִים (ז.)	101
someone	מִישֶׁהוּ (ז.)	131
selling, sale	מְכִירָה (נ.)	141
jeans	מִכְנְסֵי-גִ'ינְס (ז. ר.)	142
pants, slacks	מִכְנָסַיִם (ז., מכנסיים)	142
sell	מָכַר (לִמְכֹּר, למכור)	141
letter (mail)	מִכְתָּב (ז.)	57
word	מִלָּה (נ. ר. מִלִּים מילים/מִלּוֹת)	112
hotel	מָלוֹן (ז., ר. מְלוֹנוֹת)	53, 58
prepositions	מִלּוֹת- יַחַס (נ.)	112
question words	מִלּוֹת-שְׁאֵלָה (נ.)	128
dirty	מְלֻכְלָךְ (מלוכלך)	104

English	Hebrew	Page
teach	מְלַמֵּד (לְמֵד, לימד, לְלַמֵּד)	33
principal, director	מְנַהֵל (ז., נ. מְנַהֶלֶת)	136
business (study area)	מִנְהַל-עֲסָקִים (ז.)	139
restaurant	מִסְעָדָה (נ.)	41
sufficiently, sufficient, enough	מַסְפִּיק	144
number (noun)	מִסְפָּר (ז.)	157
dorms	מְעוֹנוֹת (ז. ר.)	53
coat, jacket	מְעִיל (ז.)	142
interesting	מְעַנְיֵן (מעניין)	104
cloudy	מְעֻנָן (מעונן)	120
forehead	מֵצַח (ז.)	177
early	מֻקְדָּם (מוקדם)	169
zip code	מִקּוּד (ז., מיקוד)	162
place (noun)	מָקוֹם (ז., ר. מְקוֹמוֹת)	58
profession, occupation, job	מִקְצוֹעַ (ז., ר. מקצועות)	137
areas of study (majors)	מִקְצוֹעוֹת-לִמּוּד (ז., לימוד)	139
feel	מַרְגִּיש (הִרְגִּיש, להרגיש)	183
elbow (noun)	מַרְפֵּק (ז.)	187
March	מֶרְץ	176
soup	מָרָק (ז.)	102
something	מַשֶׁהוּ (ז.)	131
boring	מְשַׁעֲמֵם	104
family	מִשְׁפָּחָה (נ.)	164
sunglasses	מִשְׁקְפֵי-שֶׁמֶש (ז.)	142
glasses	מִשְׁקָפַיִם (ז. ר., משקפיים)	141
office	מִשְׂרָד (ז.)	41
fit, becoming, appropriate	מַתְאִים	136
When?	מָתַי?	86
mathematics	מָתֶמָטִיקָה (מתימטיקה)	33
hip	מֹתֶן (נ., ר. מָתְנַיִם מותניים)	187
volunteer	מִתְנַדֵּב (ז., נ. מִתְנַדֶּבֶת)	53

נ

English	Hebrew	Page
Please meet!	נָא לְהַכִּיר!	53
driver	נֶהָג (ז., נ. נַהֶגֶת)	136
November	נוֹבֶמְבֶּר	176
be born	נוֹלַד (לְהִוָּלֵד להיוולד)	164
rest (verb)	נָח (לָנוּחַ)	190
paper (sheet)	נְיָר (נייר ז., ר. ניירות)	89
grandchild	נֶכֶד (ז., נ. נֶכדה)	165
correct (adjective)	נָכוֹן	131
short, low	נָמוּךְ	143
travel, go by car	נָסַע (לִנְסֹעַ לנסוע)	116
pleasant	נָעִים	20
Nice meeting you!	נָעִים מְאֹד! (נעים מאוד)	20
shoe	נַעַל (נ., ר. נַעֲלַיִם נעליים)	141
put on (shoes, sandals, boots)	נָעַל (לִנְעֹל לנעול)	141
sneakers, tennis shoes	נַעֲלֵי-הִתְעַמְּלוּת (נ.)	141
die	נִפְטַר	164
female, feminine	נְקֵבָה (נ.)	52
clean (adjective)	נָקִי	104
give	נָתַן ל... (לָתֵת)	112

evening	עֶרֶב (ז.)	52
do, make	עָשָׂה (לַעֲשׂוֹת)	45
tenth	עֲשִׂירִי עֲשִׂירִית	157
ten	עֶשֶׂר עֲשָׂרָה	84
twenty	עֶשְׂרִים	158
newspaper	עִתּוֹן (ז., עיתון)	57
reporter, correspondent	עִתּוֹנַאי (ז. נ. עיתונאית)	136
journalistic (adjective)	עִתּוֹנָאִי (עיתונאי)	136
future, future tense	עָתִיד (ז.)	65

		פ
February	פֶבְּרוּאָר	176
mouth	פֶּה (ז., ר. פִּיּוֹת)	188
here	פֹּה	45
politician	פּוֹלִיטִיקַאי (ז. נ. פוליטיקאית)	136
less, minus (in subtraction)	פָּחוֹת, מִינוּס	172
physics	פִיזִיקָה (נ.)	139
pita bread	פִּיתָה (נ.)	102
plus	פְּלוּס	172
falafel	פָלָפֶל, פָלָאפֶל (ז.)	102
face (noun)	פָּנִים (ז. או נ. ר.)	188
psychology	פְּסִיכוֹלוֹגְיָה (נ.)	139
verb	פֹּעַל (ז., פועל)	65
once, instance	פַּעַם (נ., ר. פְּעָמִים)	70
professor	פְּרוֹפֶסוֹר (ז., נ. פְּרוֹפֶסוֹרִית)	25
fruit	פְּרִי (ז., ר. פֵּרוֹת פירות)	102

		צ
side	צַד (ז., ר. צְדָדִים)	190
neck	צַנָאר (ז., צוואר)	188
noon	צָהֳרַיִם (ז. ר., צוהריים)	104
grade (score)	צִיּוּן (ז.)	144
french fries	צִ׳יפְּס (ז.)	102
check (noun)	צֶ׳ק (ז.)	97
plate, saucer	צַלַחַת (נ.)	109
be thirsty	צָמֵא	169
toast (noun)	צְנִים (ז.)	102
need (verb), should, have to	צָרִיךְ	45

		ק
kibbutz	קִבּוּץ (ז., קיבוץ)	52
receive, get	קִבֵּל (קיבל, לְקַבֵּל)	131
forward	קָדִימָה	190
Coke	קוֹקָה-קוֹלָה, קוֹלָה (נ.)	101
read	קוֹרֵא (קָרָא, לִקְרֹא)	33
small, little	קָטָן	104
summer	קַיִץ (ז., קייץ)	82
get up, stand up	קָם (לָקוּם)	190
campus	קַמְפּוּס (ז.)	97
buy (verb)	קָנָה (לִקְנוֹת)	97
dessert	קִנּוּחַ (ז., קינוח)	104
buying, purchase (noun)	קְנִיָּה (נ., קנייה)	141
coffee	קָפֶה (ז.)	101
cafeteria	קַפֶטֶרְיָה (נ.)	41

eighth	שְׁמִינִי שְׁמִינִית	157
sky	שָׁמַיִם (ז. ר., שמיים)	120
sun	שֶׁמֶשׁ (ז. או נ.)	120
tooth	שֵׁן (נ., ר. שִׁנַּיִם שיניים)	188
year	שָׁנָה (נ., ר. שָׁנִים)	82
second	שֵׁנִי שְׁנִיָּה (שנייה)	157
hour, time	שָׁעָה (נ.)	82
clock, watch	שָׁעוֹן (ז.)	82
class, lesson	שִׁעוּר (ז., שיעור)	25
lessons, classes, homework	שִׁעוּרִים (ז., ר. שיעורים)	45
shekel (Israeli currency)	שֶׁקֶל (ז.)	97
sing	שָׁר (לָשִׁיר)	75
sleeve	שַׁרְווּל (ז.)	141
muscle	שְׁרִיר (ז.)	187
root	שֹׁרֶשׁ (ז., שורש)	65
six	שֵׁשׁ שִׁשָּׁה (שישה)	84, 158
sixteen	שֵׁשׁ-עֶשְׂרֵה שִׁשָּׁה-עָשָׂר	158
sixth	שִׁשִּׁי שִׁשִּׁית (שישי שישית)	157
sixty	שִׁשִּׁים (שישים)	159
drink (verb)	שָׁתָה (לִשְׁתּוֹת)	97
drink, drinking (noun)	שְׁתִיָּה (נ., שתייה)	97
two	שְׁתַּיִם/שְׁתֵּי שְׁנַיִם/שְׁנֵי	84, 158
twelve	שְׁתֵּים-עֶשְׂרֵה שְׁנֵים-עָשָׂר	84

שׂ

actor, player	שַׂחְקָן (ז., נ. שַׂחְקָנִית)	136
to the left	שְׂמֹאלָה	190
be happy	שָׂמֵחַ	169
dress (noun)	שִׂמְלָה (נ.)	136
hair	שֵׂעָר (ז.)	188
hair	שְׂעָרוֹת (נ.ר.)	188
lip	שָׂפָה (נ., ר. שְׂפָתַיִם שפתיים)	188
language	שָׂפָה (נ., ר. שָׂפוֹת)	57

ת

appetite	תֵּאָבוֹן (ז., תיאבון)	104
date (day of the month)	תַּאֲרִיךְ (ז.)	176
tea	תֵּה (ז.)	101
Thanks! Thank you	תּוֹדָה	28
briefs, panties	תַּחְתּוֹנִים (ז. ר.)	141
tourist	תַּיָּר (ז., תייר נ. תַּיֶּרֶת תיירת)	53
always	תָּמִיד	144
menu	תַּפְרִיט (ז.)	102
communication	תִּקְשֹׁרֶת (נ., תקשורת)	139
exercise, problem (noun)	תַּרְגִּיל (ז.)	89
answer (noun)	תְּשׁוּבָה (נ.)	131
ninth	תְּשִׁיעִי תְּשִׁיעִית	157
nine	תֵּשַׁע תִּשְׁעָה	84, 158
nineteen	תְּשַׁע-עֶשְׂרֵה תִּשְׁעָה-עָשָׂר	158
ninety	תִּשְׁעִים	159